Bozen kompakt

Sehenswertes, Gastlichkeit, Kultur

Oswald Stimpfl

Bozen kompakt

Sehenswertes, Gastlichkeit, Kultur

Fotos von Othmar Seehauser

Folio Verlag Wien – Bozen

Herausgegeben mit freundlicher Unterstützung des Verkehrsamtes der Stadt Bozen.

Bolzano Bozen

Città di Bolzano
Stadt Bozen

Verkehrsamt der Stadt Bozen
Waltherplatz 8, 39100 Bozen
Tel. +39 0471 307000
www.bolzano-bozen.it
info@bolzano-bozen.it

Sämtliche in diesem Führer genannten Betriebe wurden vom Autor unabhängig ausgewählt und persönlich bewertet.

BILDNACHWEIS

Bilder von Othmar Seehauser
Umschlagbild: Kornplatz

Südtiroler Archäologiemuseum (Foto: Augustin Ochsenreiter): S. 30
Stadtplan: Atelier Grafico

SYMBOLE

- ⌚ Öffnungszeiten
- ★★★ Sollten Sie keinesfalls verpassen
- ★★ Sehenswert auch bei einem Kurzaufenthalt
- ★ Wenn noch Zeit bleibt
- €€€ obere Preisklasse
- €€ mittlere Preisklasse
- € untere Preisklasse

3., vollständig überarbeitete Auflage
Grafik: no.parking, Vicenza
Druckvorstufe: Typoplus, Frangart
Printed in Italy
ISBN 978-3-85256-538-5

www.folioverlag.com

INHALTSVERZEICHNIS

VORWORT

Bozen ist in den letzten zehn Jahren bunter, lebendiger und möglicherweise ein bisschen mondäner geworden und hat neben der einmaligen Bilderburg Runkelstein neue Attraktionen hinzugewonnen. Das sind beispielsweise das neue Messner Mountain Museum in Sigmundskron und der Glaskubus des Museions, des Museums für moderne Kunst. Auch Ötzi, der Mann aus dem Eis im Archäologiemuseum, ist nach wie vor ein Publikumsmagnet. Allein dieses Viergestirn zieht jährlich Hunderttausende Besucher an. 2009 wurden die Dolomiten von der UNESCO zum Weltnaturerbe erklärt, und Bozen, das sich „das Tor der Dolomiten" nennt, spürt auch von dieser Seite Aufwind. Die zunehmend internationaler werdenden Einkaufsstraßen der Altstadt, der bei Italienern äußerst beliebte Weihnachtsmarkt, die kulinarischen Köstlichkeiten der vielen Restaurants und Kneipen, die ausgezeichneten Weine der die Stadt umgebenden Weinberge sowie das erweiterte Hotelangebot lassen Bozen zu einem bevorzugten Ziel bei den immer beliebteren Städte-Kurzurlauben werden. Die dreisprachige Universität – es wird in Italienisch, Deutsch und Englisch gelehrt – mit ihrer jungen Szene belebt die Innenstadt bis spät in die Nacht. Dass sich in Bozen Tradition mit Moderne, italienische Leichtigkeit mit deutscher Gründlichkeit, Natur und Kultur, Knödel und Spaghetti treffen und verstehen, wurde schon häufig gesagt, hat aber nichts von seiner Gültigkeit verloren. Nun genug der Worte: Gehen Sie mit diesem vollständig überarbeiteten und um viele neue Adressen erweiterten Führer auf Erkundungstour, ich bin mir sicher, Sie werden Ihre Freude daran haben und Interessantes entdecken.

Oswald Stimpfl

EINE STADT STELLT SICH VOR

Es sind die Gegensätze, die den Charme von Bozen ausmachen: Nord trifft auf Süd, das Italienische mischt sich mit dem Deutschen, die rauhe Gebirgslandschaft der Alpen vermengt sich mit mediterranem Flair. Gäste aus dem Norden genießen in der zweisprachigen Stadt die Vorzüge des Südens – italienische Besucher fühlen sich bei Speck und Schlutzkrapfen in den schmalen historischen Gassen der Altstadt schon fast wie im Ausland.
Bozen ist im Aufwind: Dafür sorgen nicht nur die Gletschermumie Ötzi und die nahe gelegenen Klettersteige, sondern auch andere Faktoren wie etwa die 1997 gegründete Universität mit der Akademie für Design, das neue Stadttheater, eine agile Kneipenszene – und nicht zuletzt eine deutliche Entkrampfung der Spannungen zwischen den Sprachgruppen, die früher mitunter die Arbeit der Stadtverwaltung lähmten.
Die Stadt liegt in einem fruchtbaren, nach Süden hin offenen Talkessel am Zusammenfluss von Eisack, Etsch und Talfer, umgeben von ausgedehnten Obstkulturen und sorgfältig mit Reben bepflanzten Hängen. Blickt man über die Dächer der Stadt nach Osten, grüßen die Felswände von Schlern und Rosengarten herüber, zweier Wahrzeichen von Südtirol. Im Westen, jenseits der Talfer, breitet sich die moderne Neustadt immer weiter aus und frisst sich in die Obstgärten und Weinberge hinein. Es fällt schwer, sich dem Flair Bozens zu entziehen. Wer durch die Altstadt mit ihrer intakten Architektur und den malerischen Winkeln bummelt oder in einem Straßencafé seinen Espresso schlürft, dem wird bewusst: Bozen ist eine heimelige Stadt.

STADTGESCHICHTE

ENTSTEHUNG DER STADT

Um 15 v. Chr. eroberten die Römer unter dem Feldherrn Drusus das Gebiet des heutigen Tirols; im Bozner Talbecken entstand die strategisch wichtige Siedlung *Pons Drusi*. Nach dem Zerfall des Römischen Reiches besiedelten die Bajuwaren von Norden aus das Land und mussten sich im Bozner Raum gegen die Langobarden behaupten. Im 8. Jh. wurde Tirol in das Reich Karls des Großen eingegliedert. Um 1200 umschlossen die Stadtmauern eine noch sehr kleine Marktsiedlung rund um die Laubengasse. Gegen Ende des 13. Jh. wurden die Fürstbischöfe von Trient als Herrscher durch die Grafen von Tirol abgelöst. Im 14. Jh. wurde die Region und damit Bozen Teil des Habsburger Reichs und entfaltete sich seit dem 15. Jh., von den Landesfürsten kräftig gefördert, zu einem der wichtigsten politischen und ökonomischen Zentren des mittleren Alpenraums.

AUFSTIEG ZUR HANDELSSTADT

Um das Jahr 1000 setzte jener friedliche Handelsverkehr ein, der aus Bozen eine bedeutende Handelsstadt gemacht hat. Bis hierher – nahe dem Brenner, dem wichtigen Alpenübergang – war die Etsch schiffbar. In Bozen wurden Waren zwischengelagert, umgeladen und eingelagert. Aus dem Norden kamen feine Stoffe, Felle, Papier, Waffen und Zinn, aus dem Süden Gewürze, Safran, Mandeln, Feigen, Südfrüchte, Weihrauch, Baumwolle, Seide, Öl und Wein. Es entstanden Wechselhäuser, Banken und Niederlassungen ausländischer Warenhäuser; Verkaufsmessen und Märkte wurden eingerichtet. Unter den Bozner Lauben – damals „unter den Gewölben" – wurden die Waren feilgeboten. Mit dem Niedergang Venedigs verlor auch Bozen ab dem ausgehenden 15. Jh. an Bedeutung, kompensierte dies aber im 17. Jh. mit der Gründung eines eigenen Messegerichts, eines von deutschen und italienischen Kaufleuten geleiteten Merkantilmagistrats. Bis zur Französischen Revolution galt Bozen sogar als heimliche Hauptstadt Tirols.

DAS NEUE, MODERNE BOZEN

Bozen ist heute Landeshauptstadt der Autonomen Provinz Bozen – Südtirol. Da die Schalthebel der politischen Macht jahrhundertelang in Tirol/Meran und in Innsbruck gelegen hatten, gibt es nicht sehr viele historische Gebäude, die auf politische Machthaber verweisen. Dazu gehören ein prächtiger Renaissancepalast – nämlich das Merkantilgebäude unter den Lauben, das auf ein Handelsprivileg der Claudia de' Medici, Gemahlin des Habsburgers Leopold V., zurückgeht, mit dem Bozen 1635 zur Messestadt erhoben wurde – sowie das Maximilianhaus (heute Naturmuseum). Nach dem Ersten Weltkrieg wurde Tirol geteilt und der Teil südlich des Brenners Italien angegliedert; in der Folge unternahmen die neuen Machthaber große Anstrengungen, Südtirol zu italianisieren. Das faschistische Regime ließ bedeutende Industriebetriebe errichten und siedelte Tausende Arbeitskräfte aus anderen italienischen Provinzen in Bozen an. Die Zuwanderer besetzten die Stellen in der öffentlichen Verwaltung, Schule, Polizei, Post, Bahn, Militär, im Bausektor sowie in den neu geschaffenen Großbetrieben der verstaatlichten Industrie und Energiewirtschaft. Mittlerweile besteht die Stadtbevölkerung zu ca. 26 % aus deutsch-, 73 % italienisch- und 1 % ladinischsprachigen Einwohnern. Langwierige Verhandlungen mit der römischen Zentralregierung brachten den Südtirolern aller Sprachgruppen weitreichende Autonomierechte und die Finanzautonomie auf vielen Gebieten; die drei Sprachgruppen leben inzwischen recht gut mit- oder nebeneinander.

Museion bei Nacht

Walther-Denkmal mit Dom

SEHENSWÜRDIGKEITEN

1 WALTHERPLATZ ★★

Der stark frequentierte Platz am Dom wird oft als „Freiluft-Salon" Bozens bezeichnet. Als die Stadt zur Zeit Napoleons zu Bayern kam, wurde der Platz 1808 im Auftrag der Stadtverwaltung auf dem Gelände eines ehemaligen Friedhofs und Gartens angelegt. Zu Ehren des Bayernkönigs Maximilian hieß er damals Maximiliansplatz. Mit der Rückkehr der Habsburger im Jahr 1814 wurde er nach dem Erzherzog von Österreich in Johannsplatz umbenannt, 1901 wurde er Walther von der Vogelweide gewidmet.

WALTHERDENKMAL

Nachdem man um die Mitte des 19. Jh. in Südtirol die Heimat Walthers von der Vogelweide ausgemacht zu haben glaubte, ging man in Bozen daran, dem Minnesänger ein Denkmal zu setzen. Im Fahrwasser des aufkeimenden Nationalismus sammelte man im gesamten deutschen Sprachraum Geld für das Standbild in der „südlichsten deutschen Stadt". Vor Ort war es eher eine Behauptungsaktion des liberalen Bürgertums gegen die Christlich-Konservativen, die eine Mariensäule errichten wollten. Bald nach seiner Einweihung 1889 setzten italienische Patrioten dem nach Süden gewandten deutschen Dichterfürsten in Bozen einen abwehrend die Hand nach Norden ausstreckenden Dante in Trient entgegen. Nach der Machtübernahme durch die italienischen Faschisten wurde das Denkmal 1935 in den abgelegenen Rosegger-Park verbannt und der Platz für einige Zeit nach dem italienischen König „Piazza Vittorio Emanuele III." benannt. Erst 1985 konnte Walther auf seinen angestammten Platz zurückkehren.

2 DOM ZU MARIA HIMMELFAHRT ★★★

Die Bozner nennen den um 1500 in der heutigen Form fertiggestellten Dom liebevoll die „Pfarrkirche". Erst seit 1964 ist er zugleich Bischofskirche der damals errichteten Diözese Bozen-Brixen; er gilt als das prächtigste Bauwerk der Gotik im Alpenraum. Die ersten Spuren einer frühchristlichen Kirche reichen bis ins 5./6. Jh. zurück. Aus der Zeit um 1200 stammen das romanische Löwenportal und das Radfenster an der Westseite sowie das „Leitacher Törl" an der Nordseite, das – mit Weintrauben verziert – an das alte Weinverkaufsrecht der Pfarrei erinnert. Später wurde im gotischen Stil weitergebaut; die Sandsteinkanzel im Inneren und der elegante, 65 m hohe Turm stammen vom schwäbischen Baumeister Hans Lutz von Schussenried. Im Zweiten Weltkrieg wurde der Dom stark beschädigt – einzig der Turm blieb verschont. Die rekonstruierten Stellen aus hellerem Sandstein an der Nordwand sowie die von Bombensplittern verursachten Schäden im Mauerwerk zeugen noch davon.

Im Inneren zeigen die feinen Reliefs der reich verzierten Sandsteinkanzel die Kirchenväter mit den Evangelistensymbolen. Die Fresken aus dem 14. Jh. sind zum Großteil im 19. Jh. verloren gegangen, einige wurden durch Bombardements während des Zweiten Weltkriegs schwer beschädigt. Die noch sichtbaren Reste zeigen die

Kanzel im Dom

Kunsttendenzen der verschiedenen Zeitepochen: an der südlichen Innenwand im rechten Schiff das Votivbild mit Conrad Crille und seiner Frau Irmgard als Betende im gotischen Linearstil (ca. 1320) sowie der hl. Wenzel (ca. 1320–25) und die Dorotheen- und Marthalegende (1330) im rechten Schiff zählen zu den ersten bekannten Beispielen der Giotto-Schule in Bozen. Die Fresken des Meisters der Urbanlegende (ca. 1370–75) und des Meisters von St. Valentin in Seis (1385–90) wie etwa der hl. Martin sind Zeugnis der Entwicklung der Malerei in der zweiten Hälfte des Jahrhunderts, während die Legende der hl. Siebenschläfer von Konrad Erlin (1424) an der westlichen Innenwand bereits als Manifest der „Bozner Schule" gewertet werden kann. An der nördlichen Außenwand sticht die Darstellung eines Pilgers ins Auge, der von einer herabstürzenden Glocke getroffen wird. Hinter dem monumentalen barocken Hochaltar in der Gnadenkapelle steht eine alte bemalte Marmorstatue, im Volksmund „unsere liebe Frau im Moos" genannt. Laut einer Legende vernahm ein Fuhrmann die Aufforderung: „Heb mich auf!" Er entdeckte so ein im Sumpf (im Volksmund auch „Moos" genannt) liegendes Madonnenbild, barg es und errichtete einen Bildstock. Wegen der vielen Gläubigen, die zum wundertätigen Bild pilgerten, baute man in der Folge eine Kapelle und gelobte, an der Stelle eine Pfarrkirche zu errichten.

An der Nordseite des Chorumganges beeindruckt eine Pietà aus Gussstein von Hans von Judenburg der Zeit um 1500. An der Südseite des Chorraumes ist das für Tirol so bedeutsame Herz-Jesu-Bild (» S. 67) des Malers Carl Henrici zu sehen.

Mo–Sa 10–12 Uhr und 14–17 Uhr,
Tel. 0471 978676

Kreuzgang im Dominikanerkloster

< Fresken in der Johanneskapelle

3 KAPUZINERKIRCHE UND -KLOSTER ★

Der Kapuzinerorden ist ein franziskanischer Bettelorden; der Name leitet sich von der Kapuze des braunen Ordenshabits ab. Im Süden Bozens, zwischen der Pfarrkirche und der Dominikanerkirche, gründeten die Kapuziner an der Stelle, wo einst die Burg Wendelstein stand, ein Kloster. Die 1603 eingeweihte schlichte Klosterkirche mit niederem Turm ist dem hl. Antonius von Padua gewidmet. Die vom Veroneser Maler Felice Brusasorci geschaffene Altartafel am barocken Hochaltar stellt den hl. Franziskus dar. Im Vordergrund diskutieren die Heiligen Antonius, Franziskus und Andreas die Ordensregeln.

Mo–So 9–18.30 Uhr, Wolkensteinstraße 1, Tel. 0471 971143

4 DOMINIKANERKIRCHE ★★ UND JOHANNESKAPELLE ★★★

Kunsthistorisch interessant ist das ehemalige Kloster der Dominikaner. Die Mönche vom Orden der „weißen Brüder" kamen in der zweiten Hälfte des 13. Jh. nach Bozen und ließen sich auf einem Gelände nieder, das damals noch außerhalb der Stadt lag. Sie erbauten eine weitläufige Klosteranlage mit Kreuzgang und gotischer Klosterkirche. Von deren Chor aus gelangt man in die hohe und schmale Johanneskapelle mit den bedeutendsten Fresken Bozens. Die Fresken stammen von italienischen Künstlern der damals berühmten und erfolgreichen Kunstschule des Giotto di Bondone. Personen wurden nicht mehr linear und ikonenhaft dargestellt, sondern unter Einbeziehung von Licht, Schatten und Perspektive als individuelle Persönlichkeiten abgebildet. Die heimischen Maler eigneten sich diese neue Darstellungsweise an und verbanden sie mit Elementen der bisherigen Technik zu einem eigenen Stil, der als „Bozner Schule“ bezeichnet wird. Die Dominikanerkirche wurde im Zweiten Weltkrieg schwer beschädigt, nur die Fresken der Johanneskapelle blieben von den Bomben verschont. Dargestellt sind Szenen aus dem Leben Mariens, des Täufers Johannes, des Johannes des Evangelisten und des hl. Nikolaus. Beeindruckend ist das monumentale Bild „der Triumph des Todes“ an der Ostwand: Während am linken Bildrand die Seelen der Seligen von Engeln zur Himmelspforte begleitet werden, jagt der schwarze, geflügelte Todesreiter, an Alten und Kranken vorbei, hinter entsetzten und sterbenden Reitern her und treibt sie auf der rechten Bildseite in das Tor einer zusammenstürzenden Burg, also ins Verderben. An der Nordwand befindet sich die makabre Szene mit dem Martyrium des hl. Bartholomäus, dem die Haut abgezogen wird. Der gotische, freskengeschmückte Kreuzgang ist nur vom Dominikanerplatz aus zugänglich.

Dominikanerkirche: Mo–Sa 9.30–17 Uhr, So 12–18 Uhr,
Tel. 0471 973133 oder 0471 982027

Kreuzgang: Mo–Fr 9.30– 17.30 Uhr, Sa 9.30 –12.30 Uhr

KÜMMERNIS, DIE JUNGFRAU MIT DEM VOLLBART

Die Freskenreste aus der Zeit um 1375 auf der rechten Seite des Langhauses der Dominikanerkirche zeigen unter dem hl. Georg als Drachentöter die hl. Kümmernis (oder Kummernus). Der Legende zufolge

wollte um 13 n. Chr. Kümmernis, eine Königstochter aus Sizilien (nach anderer Darstellung aus Portugal), den ihr vom Vater zugedachten königlichen heidnischen Bräutigam unter keinen Umständen ehelichen und bat deshalb Gott um Hilfe. Ihre Gebete wurden erhört, es wuchs ihr ein entstellender Bart, woraufhin der Freier von ihr abließ. Der erzürnte Vater ließ sie daraufhin kreuzigen. Kümmernis predigte noch vom Kreuz herab und bekehrte so einen Großteil des Volkes, zuletzt auch den Vater. Nach ihrem Tod ehrte man sie mit einem reich geschmückten Bildnis in einer Kirche. Von diesem Bildnis herab hat sie angeblich einem bettelarmen Geiger zum Dank für sein Spiel einen goldenen Schuh zugeworfen. Jener aber wurde des Diebstahls bezichtigt und sollte hingerichtet werden; ihn rettete nur der letzte Wunsch, nämlich noch einmal vor dem Bildnis spielen zu dürfen – und siehe da, das Wunder wiederholte sich.

DIE FRANZOSENBRAUT

Annette von Menz wurde als Letzte der Dynastie am 30. Januar 1796 als Tochter des Anton Melchior von Menz und der Maria von Gummer, reiche Kaufleute, in Bozen geboren. Als „Franzosenbraut" war sie zur Zeit der napoleonischen Besatzung Tirols Stadtgespräch. Im September 1811 sollte die 15-Jährige dank eines Empfehlungsschreibens des Vizekönigs Eugen Beauharnais mit dem französischen Oberst Gaston Baron de la Croix verheiratet werden – in Anbetracht der damaligen antinapoleonischen Stimmung in Tirol ein Skandal sondergleichen! Der Menz'sche Familienrat war gegen diese Liaison, Oberst de la Croix musste unverrichteter Dinge aus Bozen abreisen.

5 MUSTERGASSE UND -PLATZ ★★

Der Name von Gasse und Platz kommt vom italienischen mostra („Warenmesse") und verweist darauf, dass hier Märkte und Messen abgehalten wurden. Reiche Bozner ließen in dieser einst besonders noblen Straße ihre Ansitze errichten: das Palais Trapp, das Palais Campofranco an der Ecke zum Waltherplatz, das Palais Menz und der Ansitz Pock, der – später zum Hotel umgestaltet – sogar Päpste und Zaren beherbergte. Jetzt ist in dem auffällig gelb getünchten und mit Stuckdekorationen versehenen Gebäude am Musterplatz unter anderem das Restaurant Zur Kaiserkron' untergebracht. Gleich nebenan, im Haus Nr. 9 mit dem kurzen Arkadengang (heute Restaurant Fink), befanden sich früher der Stadtkerker, die Folterkammer und der Gerichtssitz.
Der eleganteste Bau der Mustergasse ist das Palais Menz (Nr. 2). 1670 errichtet, erwarb 1753 die reiche Patrizierfamilie Menz das Palais und ließ es prunkvoll um- und ausbauen. Der Festsaal wurde anlässlich der Hochzeit eines Menz im Jahre 1776 mit Fresken des Malers Carl Henrici ausgeschmückt. Besichtigung nach Vereinbarung: Verkehrsamt Bozen, Tel. 0471 307000)

Fresken im Palais Menz

DIE ACHT BOZNER SELIGKEITEN

Acht Seligkeiten machten laut Karl Theodor Hoeniger, dem Verfasser des populären „Altbozner Bilderbuches", früher das Glück und den Stolz jedes „richtigen" Bozners aus: ein Haus unter den Lauben, ein Weingut in Gries oder Zwölfmalgreien, ein Sommerfrischhaus auf dem kühlen Ritten, ein eigener Kirchenstuhl und – als weltliches Pendant – eine Loge im Stadttheater, weiter ein Familiengrab in bevorzugter Lage und so viel Wäsche, um nur alle halbe Jahre waschen zu müssen. Alles abgerundet durch die Ehe mit einer Boznerin.

6 OBSTPLATZ ★★★

Eigentlich eine breite, von schönen Altbauten eingefasste Gasse – beidseitig von Verkaufsständen gesäumt, auf denen kunstvoll Obst und Gemüse aufgetürmt sind. Der Name kommt vermutlich vom „oberen Platz", weil der Platz vor dem sogenannten Obertor lag, das früher die Lauben abschloss. Am Obstplatz steht der Neptunbrunnen; die Bronzefigur des Gottes hält einen Dreizack in der Hand. Deshalb nennen ihn die Bozner liebevoll den „Gabelwirt". Früher stand hier der Pranger, an dem Missetäter öffentlich vorgeführt und dem Gespött der Leute ausgesetzt wurden. An der Ecke zur Museumstraße befand sich das Hotel „Sonne", in dem u. a. Goethe, Herder und Kaiser Joseph II. genächtigt haben. Je nach Jahreszeit werden neben Obst, Gemüse, Wurst, Speck, Käse, Brot, Blumen und Trockenfrüchten auch Wassermelonen oder gebratene Kastanien, die „Köschten", feilgeboten.

Auf dem Obstmarkt

7 BOZNER LAUBEN ★★★

Laubengasse

Mit ihren Lauben- oder Wandelgängen bilden die Lauben die zentrale Einkaufsstraße der Stadt, ihre „goldene Ader". Die schmalen, eng aneinandergeschmiegten Häuser stammen bis auf wenige Ausnahmen aus der Spätgotik. Sie sind bis zu 50 m tief und verbergen in ihrem Inneren einen oder mehrere Lichthöfe, Gewölbe, tiefe Keller, steingefasste Bogen, schön geschmiedete oder kunstvoll gedrechselte Treppengeländer, geschnitzte oder bemalte Decken, Stuckaturen und Fresken. Insbesondere der kleine Durchgang von den Lauben Nr. 51 zur Silbergasse Nr. 16 vermittelt eindrucksvoll die Struktur und Dimension der schmalen, hohen und ungewöhnlich tiefen Häuser.

Die Laubengasse bildet den ältesten Stadtkern; seit über 800 Jahren ist sie das betriebsame Zentrum der Stadt. Mit Stadttoren am heutigen Rathausplatz und am Obstplatz stellten die Lauben quasi ein geschlossenes Bauwerk dar, und da sie Schutz vor Hitze, Regen und Kälte boten, konnte sich hier der Handel ungestört entfalten. Unter den Gewölben war ein Fußboden aus Holz, auf der Straße führte ein Wassergraben, die „Nueschen" oder „Ritsch", den Unrat fort. Die großen, in Stein gehauenen Rinnen der Wassergräben versehen inzwischen als Blumentröge auf dem Kornplatz ihren Dienst. An den Fassaden sind interessante Details wie Erker und Stuckverzierungen auszumachen. Sehenswert sind die Apotheken „Zum Schwarzen Adler" (Nr. 46) und „Zur Madonna" (Nr. 17) sowie das alte Rathaus (Nr. 30), an dem Fresken und ein altes Wappen von Bozen (roter Balken mit goldenem Stern auf silbernem Grund) zu sehen sind.

„LAUBENKÖNIGE"

Den Reichtum und die Tüchtigkeit einiger Alt-Bozner veranschaulicht eine Geschichte: Als Kaiser Franz I. sich 1765 in Bozen aufhielt, plagten ihn arge Geldnöte. Er tat kund, dass er Darlehen im Wert von 200 000 Gulden benötige, ein ungeheurer Betrag. Der Laubenkaufmann Johann Gummer richtete darauf an den Kaiser bloß die höfliche Frage, „in welcher Geldsorte Hochselbiger geruhe die Gnade zu haben, gedachte Summe in Empfang nehmen zu wollen", um ihm nach Eintreffen der Antwort noch am selben Tag das Geld in Dukaten auszubezahlen. Seither hat man den ungekrönten Herrschern der Stadt, den Kaufleuten unter den Lauben, den Titel „Laubenkönige" verliehen, den sie bis heute tragen und auf den sie stolz sind – wenngleich unter den Lauben mittlerweile Benetton, Sisley, Esprit & Co. an die Stelle der Läden alteingesessener Familien getreten sind.

8 MERKANTILGEBÄUDE ★★

In der Mitte der Laubengasse, auf deren Südseite, passt das Gebäude Nr. 37a gar nicht in das architektonische Gefüge der schmalen, hohen Laubenhäuser. Der Palazzo wurde um 1700 nach Plänen eines italienischen Architekten gebaut, um den Merkantilmagistrat zu beherbergen. Der barocke Prachtbau dokumentiert die Bedeutung der Stadt als Handelsplatz. In Bozen trafen sich über Jahrhunderte die Kaufleute aus ganz Europa zu Märkten und Messen; eine spezielle Markt- und Messeordnung regelte den Handel.
Heute beherbergt das Gebäude das Merkantilmuseum (» S. 34).

9 KORNPLATZ ★★

Der älteste Platz Bozens, ein beschaulicher Winkel in der Altstadt, ist über die enge Waaggasse mit den Lauben verbunden. Im freskenverzierten, gotischen Waaghaus (Zugang von den Lauben, Haus Nr. 19) befand sich die Fronwaage, die öffentliche, behördlich geeichte Waage. Gegenüber stand die Andreaskirche aus dem späten 12. Jh., die jedoch Ende des 18. Jh. abgerissen wurde. Auch die Stadtburg der Fürstbischöfe von Trient stand hier bis sie zerstört wurde, als die Grafen von Tirol im späten 13. Jh. die Macht in Bozen übernahmen. Reste der alten Burg lassen sich heute noch am Haus Nr. 14 in der Gumergasse ausmachen; Steinquader aus der abgetragenen Stadtmauer sind vor dem Waaghaus zu sehen.

Bindergasse

10 RATHAUSPLATZ ★

Das neue Rathaus im neobarocken Stil wurde 1907 eingeweiht. An der Ostseite des Platzes stehen schöne, alte Häuser mit Stuckdekorationen im Rokokostil. Haus Nr. 35 ist mit Fresken des Südtiroler Malers Rudolf Stolz verziert. Die dahinter liegenden Gebäude gehörten bis 1910 zur Gemeinde Zwölfmalgreien. Bei deren Eingemeindung wurde ein Häuserdurchbruch geschaffen, durch den nun der Verkehr in die Stadt gelangte. Am Amonn-Haus (Haus Nr. 13) erinnert eine Kupfertafel mit folgender Inschrift daran: „Ström junges Bozen ins alte,/Zieh altes Bozen ins neu',/Und dich Bozen der Zukunft gestalte/Gemeinsinn und Bürgertreu'!"

11 BINDERGASSE ★★

Über den Haustüren hängen noch die historischen schmiedeeisernen Schilder von Handwerksbetrieben oder Wirtshäusern: Weißes Rössl, Pfau, Schlüssel, Eisenhut, Mondschein. Durch die schmale Gasse floss noch vor 100 Jahren der Durchgangsverkehr der Brennerroute. Im Haus neben dem Gasthof Weißes Rössl steht auf einem Fresko mit zwei in Zunfttracht tanzenden Fassbindern der Spruch zum Straßennamen: „Ich heiße Bindergasse, der Schlägel hier erklang, an Zuber, Yhr und Fasse, gar manche Jahre lang". Zuber und Yhr sind hölzerne Weingefäße.

12 ST. JOHANN IM DORF ★★

Selbst vielen Boznern ist dieses Kirchlein aus dem 12. Jh., das 1300 völlig umgebaut wurde, kaum bekannt: Es liegt eingezwängt im alten Stadtteil St. Johann im Dorf. Die Bozner sagen St. Johánn, mit der Betonung auf dem a. Der Innenraum ist mit wertvollen Fresken der „Bozner Schule“ aus dem 14. Jh. verziert.

Besichtigungen organisiert das Verkehrsamt der Stadt Bozen, Waltherplatz 8, Tel. 0471 307000, www.bolzano-bozen.it

13 DEUTSCHHAUSKIRCHE ★

Der Deutsche Orden hatte im Mittelalter die Aufgabe, die bedeutenden Nord-Süd-Routen zu sichern und für Unterkunft für die Pilgernden zu sorgen. An strategischen Punkten wurden Hospize erbaut, so in Bozen um 1400 der Ansitz Weggenstein. Zum Gebäudekomplex gehört die im gotischen Baustil errichtete St.-Georgs-Kirche, deren Innenraum reich mit Fahnen und Schilden der Ordensritter geschmückt ist. Der Altar ist aus buntem Marmor, das Altarbild wurde von Martin Knoller angefertigt.

🕒 Mo–Sa 8–18 Uhr, So 10–18 Uhr, Weggensteinstraße 10, Tel. 0471 973584

St. Johann im Dorf

Deutschhauskirche

14 FRANZISKANERKIRCHE UND -KREUZGANG ★★

Die Franziskaner ließen sich im frühen 13. Jh. in Bozen nieder; es war dies die erste Klostergründung des Ordens im deutschen Sprachraum. Die um 1500 fertiggestellte Kirche, wurde im Zweiten Weltkrieg stark beschädigt und der Freskenschmuck größtenteils zerstört. Im linken Seitenschiff ist aber noch eine Galerie von berühmten Ordensleuten zu sehen. Der Flügelaltar von Hans Klocker ist ein Kleinod der gotischen Altar-Schnitzkunst: Er zeigt eine einfühlsame Darstellung der hl. Familie und der Geburt Christi. Sehenswert sind auch der Anfang des 14. Jh. erbaute Kreuzgang mit seinen kleeblattförmigen gotischen Bögen sowie der Klostergarten.

Öffnungszeiten: Mo–Sa 10–12 und 14.30–18 Uhr, So 15–18 Uhr, Franziskanerstr. 1, Tel. 0471 977293

SPECIAL GUEST

Der Vater des hl. Franziskus von Assisi war ein Kaufmann und hat – so erzählt die Legende – auf einer Geschäftsreise Bozen besucht. Sein kleiner Sohn Franziskus begleitete ihn. In Bozen besuchten beide die Messe in der Erhardskapelle, bei der sich der Junge als Ministrant betätigte. Aus diesem Grund wurde später an dieser Stelle das Kloster gegründet. Die Erhardskapelle steht immer noch, sie ist allerdings nicht öffentlich zugänglich.

15 RAUSCHERTORGASSE ★

Der Name deutet darauf hin, dass hier einmal ein Stadttor stand, durch das ein kleiner Mühlbach floss. Die Gasse hat einen besonderen Charme; in die Läden sind Kneipen, Handwerksgeschäfte, eine Goldschmiede, Antiquitätenhändler, Boutiquen und Kunsthandwerker eingezogen. Im Norden der Gasse steht die neuromanische Herz-Jesu-Kirche von 1899; ihre mächtigen Zwillingstürme aus rotvioletten Porphyrquadern mit den großen vergoldeten Kreuzen und Kugeln auf den Turmspitzen prägen die Stadtsilhouette mit.

16 SPARKASSENSTRASSE ★

Insbesondere die gründerzeitlichen Häuser Nr. 2–8 mit ihren reich verzierten Fassaden, Erkern, Giebeln und Türmchen sind ein beliebtes Fotomotiv. In der Zwischenkriegszeit wollte die italienische Verwaltung dem Stadtbild ein moderneres Aussehen verleihen, so wurden einzelne Häuser im rationalistischen Stil umgestaltet. Das ursprünglich ebenfalls mit Türmchen und Giebeln ausgestattet Gebäude der Sparkasse erhielt eine nüchterne Backsteinfassade und Travertin-Marmorreliefs; am gegenüberliegenden Stadtmuseum wurde der mit Treppengiebeln versehene Turm, der eigentliche architektonische Mittelpunkt des ganzen historischen Ensembles, abgetragen; erst vor wenigen Jahren wurde er nach Originalplänen rekonstruiert.

17 EURAC ★★

Bei der Überquerung der Drususbrücke fällt ein ziegelrotes Gebäude auf. Es handelt sich um das bekannteste Bauwerk der rationalen Architektur der Zwischenkriegszeit in Bozen und ist das ehemalige Gebäude der GIL (Gioventù Italiana del Littorio), der faschistischen Jugendorganisation. Seinerzeit diente es der „körperlichen und moralischen Ertüchtigung der weiblichen Jugend". Das Gebäude mit Theatersaal, Turnhalle, Unterrichtsräumen und Werkstätten wurde umfassend renoviert und mit neuen effektvollen Baukörpern des Grazer Architekten Klaus Kada ergänzt. Heute ist darin die Europäische Akademie Bozen, eine international ausgerichtete Bildungs- und Forschungseinrichtung samt Kongresszentrum und Bibliothek untergebracht.

Drususallee 1, Tel. 0471 055055, www.eurac.edu

FREIE UNIVERSITÄT BOZEN

Jahrzehntelang mussten Südtirols Studierwillige in andere Städte Italiens oder ins Ausland ausweichen, um ein Hochschulstudium zu absolvieren. Seit der Gründung der Universität Bozen im Jahr 1997 ist die missliche Lage nicht nur vorbei, sondern hat sich sogar ins Gegenteil verkehrt: Die Uni Bozen zieht aufgrund ihrer Mehrsprachigkeit – deutsch, italienisch, englisch –, der internationalen Zusammensetzung ihrer Studierenden und Professoren und der attraktiven Studiengänge in den Bereichen Wirtschaftswissenschaften, Informatik, Design und Künste sowie Natur und Technik, Bildungswissenschaften (in der Außenstelle Brixen) immer mehr Studierende aus dem Ausland an.

Universitätsplatz 1, www.unibz.it

18 KLOSTER MURI-GRIES ★★

Der im Westen gelegene Stadtteil Gries war bis 1925 eine eigene Gemeinde. Den ehemaligen Dorfplatz, den Grieser Platz, beherrscht die mächtige Benediktinerabtei. Das frühere Augustinerchorherrenstift wurde 1845 von den Benediktinermönchen aus dem Schweizer Kloster Muri übernommen, daher der Name. In die Anlage des Klosters ist die barocke Stiftskirche (um 1770) mit den prächtigen Fresken des Malers Martin Knoller integriert. Im Glockenturm hängt die mit über 5 Tonnen zweitschwerste Kirchenglocke Südtirols. Zum Kloster gehören auch eine Gärtnerei sowie eine renommierte Weinkellerei, in der vorzüglicher Lagrein gekeltert wird.

Grieser Platz 21, Tel. 0471 282287, www.muri-gries.com

Michael-Pacher-Altar

19 ALTE GRIESER PFARRKIRCHE ★★★

Ganz in der Nähe des Grieser Platzes steht die alte gotische Grieser Pfarrkirche. Sie beherbergt zwei Kostbarkeiten: Teile eines Flügelaltars des berühmten Holzschnitzers und Malers Michael Pacher aus der Zeit um 1475 sowie ein romanisches Kruzifix aus dem 13. Jh. Wir befinden uns hier im ältesten Teil von Gries; er hieß früher „Keller", da das Hochstift Freising hier einen Meierhof (Bauerngehöft, in dem einmal der Verwalter, der Meier, eines adligen oder geistlichen Gutshofes gelebt hat) mit Weinkeller besaß.

April–Oktober, Mo–Fr 10.30–12 und 14.30–16 Uhr, Martin-Knoller-Straße, Tel. 0471 283089

FRIEDHOFSSPAZIERGÄNGE

Friedhöfe offenbaren immer auch ein Stück Zeitgeschichte und auf den Bozner Friedhöfen lässt sich Interessantes und Kurioses entdecken: Auf dem Städtischen Friedhof in der Pfarrhofstraße steht der Grabstein von Ljubow' Dostojewskaja, der Tochter Dostojewskis, die als 57-Jährige 1926 im Pflegeheim Grieserhof starb. Als die Stadt noch zum Habsburgerreich gehörte, arbeiteten Beamte aus entfernten Kronländern in Bozen, betuchte Bürger und Adelige hatten hier ihren Wohnsitz oder suchten Erholung. Manch fremd klingender Name auf den Grabsteinen des längst aufgelassenen, aber liebevoll gepflegten Friedhofs bei der Alten Grieser Pfarrkirche zeugt davon. Der jüdische Friedhof in Oberau belegt die Präsenz des jüdischen Bürgertums in Bozen und Meran um 1900, dem unter der nationalsozialistischen Diktatur das traurige Schicksal des europäischen Judentums widerfuhr. Auf dem in der Nähe gelegenen evangelischen Friedhof ist u. a. Philipp Rosenthal bestattet, unter dessen Porzellankreuz die Aufschrift steht: „Sein Lebenswerk, sein Porzellan".

20 SIEGESDENKMAL UND SIEGESPLATZ ★

Sobald man die Altstadt mit ihren Türmchen und Erkern verlässt und die Talferbrücke in Richtung Westen überquert, ändert sich das Stadtbild vollkommen. Prominente Architekten setzten im Auftrag des faschistischen Regimes ganze Stadtviertel mit Wohnhäusern und Repräsentationsbauten in die Obst- und Weingärten. Die Gebäude aus dieser Zeit bilden mit ihrem monumentalen Baustil, den marmorverkleideten Fassaden und ihren Flachdächern einen einschneidenden Kontrast zur Altstadt, deren Lauben man sogar abreißen wollte. Bozen sollte nach der Annexion Südtirols durch Italien ein neues, italienisches Gesicht bekommen.
Der auf Mussolinis persönliche Initiative hin errichtete und von Stararchitekt Marcello Piacentini entworfene 19 m breite Triumphbogen des Siegesdenkmals wurde 1928 eingeweiht; es feiert den Sieg Italiens im Ersten Weltkrieg und ist aufgrund seiner Symbolik ein bis heute politisch umstrittenes Denkmal. Auch die als Versöhnungsgeste zwischen Italienern und Deutsch-Südtirolern gedachte Umbenennung des Siegesplatzes in Friedensplatz musste nach Abhaltung eines Referendums rückgängig gemacht und die alten Straßenschilder wurden wieder angebracht.

21 GERICHTSPLATZ ★

Zwischen den beiden monumentalen, aus der Zeit des Faschismus stammenden Gebäuden des Landesgerichts und des Finanzamts (ursprünglich Sitz der faschistischen Partei) steht ein Najadenbrunnen des Trentiner Künstlers Eraldo Fozzer von 1960. Die Front des Finanzgebäudes ziert ein 36 m breites Relief von Hans Piffrader, das als das größte seiner Art in Europa gilt. Im Zentrum ist heute noch Mussolini zu sehen – hoch zu Ross und die Hand zum römischen Gruß erhoben –, darunter der steingemeißelte Leitspruch: credere, obbedire, combattere („glauben, gehorchen, kämpfen").

22 INDUSTRIEZONE

Nach der Annexion Südtirols wurde die Italianisierung Bozens rasch vorangetrieben, die Stadt wurde zur Großbaustelle und sollte von einer Kleinstadt mit 35.000 Einwohnern zu einer Großstadt mit über 100.000 Menschen anwachsen. Um dieses Ziel zu erreichen, wurde eine Industriezone errichtet, Industriebetriebe von nationaler Bedeutung angesiedelt und 2.300 Sozialwohnungen, die 10.000 Zuwanderern vorbehalten waren, gebaut. Die Arbeitsplätze in den neuen Betrieben (ein

Künstlerisch gestalteter Wasserturm, Manifesta 7

Stahlwerk, eine Magnesium- und Aluminiumhütte, ein Chemiewerk und ein Zweigwerk des Autobauers Lancia) waren ausschließlich linientreuen, zugewanderten italienischen Arbeitskräften vorbehalten. Neben gut erschlossenen Betriebsarealen, Vergünstigungen und vielen willigen Arbeitskräften lockte auch billiger Strom aus den neu geschaffenen E-Werken regimefreundliche Investoren nach Bozen. Die meisten dieser Betriebe sind mittlerweile wieder verschwunden, das Stahlwerk und das von Lancia an Fiat-Iveco übergegangene Werk bestehen noch in geringerem Umfang. In dem während der 1930er Jahre erbauten Ensemble der ehemaligen Aluminium-Hütte (Voltastr. 11) soll ein Technologiepark entstehen. Eine Halle wird für Ausstellungen und Kunstprojekte genutzt, so etwa 2008 für die Manifesta 7, die europäische Biennale für zeitgenössische Kunst, oder für Transart, ein jährlich stattfindendes Festival für zeitgenössische Musik und Kunst (» S. 68).

23 SEMIRURALI („HALB LÄNDLICH") ★

In der Zwischenkriegszeit entstanden am rechten Eisackufer die Arbeiterwohnviertel „Rione Littorio" und „Rione Dux", der Stolz und das Aushängeschild des neuen italienischen Wohnungsbaus. Die zweigeschossigen Ein-, Zwei- und Vierfamilienhäuser des „Rione Dux", die Semirurali, hatten weder Bad noch Heizung dafür aber einen Garten, der eine gewisse Selbstversorgung ermöglichte. Durch die Geschlossenheit der Siedlung sollte unter den aus verschiedenen italienischen Regionen zugezogenen Bewohnern mit unterschiedlicher kultureller Prägung ein Zusammengehörigkeitsgefühl entstehen. Gemeinschaftseinrichtungen und öffentliche Dienste wie Kirche, Post, Kino, Schule, Bahnhof usw. waren allerdings weit entfernt. Inzwischen sind die Semirurali praktisch vollständig abgerissen und durch Wohnbauten mit unvergleichlich höherer Bevölkerungsdichte ersetzt worden. Vereinzelte Häuser stehen noch in der Piacenzastraße, eines in der Baristraße 11.

24 DURCHGANGSLAGER ★

Der Einmarsch der Deutschen Wehrmacht in Südtirol im Herbst 1943 brachte die Italianisierungsmaßnahmen zwischenzeitlich zum Stillstand. Die Nationalsozialisten errichteten 1944 nahe der „Semirurali" ein Durchgangslager, das bis Mai 1945 11.000–15.000 Häftlinge (je nach Quelle) aufnahm. Die Inhaftierten waren Juden, Mitglieder von Widerstandsgruppen, Kriegsdienstverweigerer, Personen in Sippenhaft, Dissidenten und Kollaborateure. Von hier aus brachten Transporte einen Teil der Häftlinge in die Konzentrationslager des Dritten Reiches. Nach Kriegsende wurde das Lager von den Alliierten aufgelöst, erhalten ist nur noch eine zwei Meter hohe Begrenzungsmauer, an der Info-Tafeln an die Geschehnisse erinnern (Reschenstraße 80).

Schloss Maretsch

BURGEN UND SCHLÖSSER

25 SCHLOSS MARETSCH ★★

Nordwestlich des Stadtzentrums erhebt sich inmitten von Weinreben das malerische Schloss mit seinen markanten Rund-Ecktürmen, von dem Teile aus dem 12. Jh. stammen. Es gehört der Stadt Bozen, wurde in den 1980er-Jahren restauriert und zum Kongress- und Ausstellungszentrum umgebaut. Das Innere ist mit bedeutenden Fresken aus der Renaissance geschmückt. Das Schloss kann nur im Rahmen einer Führung und auf Vormerkung besichtigt werden.

Tagungszentrum Schloss Maretsch, Claudia-de-Medici-Straße 12, Tel. 0471 976615, www.maretsch.info

DIE SAGE VON SCHLOSS MARETSCH

Ein Ritter von Maretsch war zu einem Kreuzzug aufgebrochen und ließ seine junge Gattin zurück. Die Jahre vergingen, ohne dass je Nachricht von dem Mann eingetroffen wäre – bis eines Tages ein Pilger aus dem Heiligen Land an das Burgtor klopfte. Von der Schlossherrin besorgt nach dem Verbleib ihres Mannes befragt, teilte ihr der Fremde mit, dass jener im Kampf gefallen sei. Da zog sich die Frau betrübt in ihre Gemächer zurück. Jetzt erst gab sich der Pilger als der Schlossherr zu erkennen und eilte ihr, deren Treue er auf die Probe hatte stellen wollen, nach, um sie ans Herz zu drücken. Aber sie hatte sich bereits aus Kummer über den vermeintlichen Tod ihres Gatten aus dem Fenster gestürzt. In seiner Verzweiflung stieß sich nun der Maretscher Ritter selbst das Schwert in die Brust. Angeblich streifen die Seelen der beiden Unglücklichen noch heute in manchen Nächten wehklagend durch die weiten Schlossräume.

Auf Schloss Runkelstein

26 SCHLOSS RUNKELSTEIN, DIE „BILDERBURG" ★★★

Die Burg am Eingang zur Sarntaler Schlucht wurde um 1237 errichtet, im 14. Jh. umgebaut und mit dem berühmten profanen Freskenzyklus ausgestattet. Neben einem Tristan-Zyklus stellen im Sommerhaus die sogenannten „Triaden", dreiteilige Figurengruppen, u. a. die größten Helden des Altertums und des Alten Testaments, die drei größten Könige, die Helden der Nibelungen sowie Riesen, Riesinnen und Zwerge dar. Sehenswert sind auch die Szenen im Palais vom Leben der Ritter und Damen bei Hof. Vom Stadtzentrum aus erreicht man Runkelstein zu Fuß in 45 Minuten. Der Weg führt über die Wassermauerpromenade und danach auf einem Fuß- und Radweg an der Talfer entlang; zuletzt ist ein kurzer Aufstieg auf einem steilen Pflasterweg zu bewältigen.

Es gibt einen kostenlosen Shuttledienst ab Waltherplatz; außerdem fahren Stadtbusse bis zum Parkplatz am Fuß der Burg: werktags Linie 12, sonntags Linie 14 (nur bis Seilbahn Jenesien); Burgschänke geöffnet von 10–18 Uhr, bei Veranstaltungen oder auf Reservierung bis 23 Uhr, Tel. 0471 324073.

🕒 Di–So 10–18 Uhr (letzter Eintritt: 17.30 Uhr), Tel. 0471 329808, www.runkelstein.info

27 HASELBURG ★

Die im 13. Jh. errichtete und im 16. Jh. erweiterte sowie mit Fresken ausgestaltete Haselburg im Südosten der Stadt wurde vor wenigen Jahren zu einem Ausflugslokal und Veranstaltungszentrum umgebaut. Der idyllische, aussichtsreiche Ort mit Teich, Naturkegelbahn und Kinderspielplatz ist in Reben und Laubwald gebettet und sowohl zu Fuß über eine neu angelegte Promenade als auch mit dem Auto vom Stadtteil Haslach aus erreichbar.

🕒 Di–Fr 11–14 und 18–24 Uhr, Sa und So durchgehend geöffnet, So Abend und Mo ganztägig Ruhetag, im Juli und August So und Mo geschlossen, Kuepachweg 48, Tel 0471 402130, www.haselburg.it

Ötzi-Nachbildung

MUSEEN UND KUNSTGALERIEN

A SÜDTIROLER ARCHÄOLOGIEMUSEUM ★★★

Jährlich strömen Hunderttausende Besucher aus aller Welt ins „Ötzi-Museum", um die über 5 000 Jahre alte, 1991 entdeckte Gletschermumie sowie deren beispielhaft restaurierte Original-Kleidung und Ausrüstungsgegenstände zu bewundern, darunter das eigentümliche Schuhwerk und das weltweit einzige erhaltene urgeschichtliche Beil. Das 1998 eröffnete Museum dokumentiert neben dem Fundkomplex „Mann aus dem Eis" die Geschichte Südtirols vom Ende der letzten Eiszeit (15 000 v. Chr.) bis zur Zeit Karls des Großen (um 800 n. Chr.). Modelle, Rekonstruktionen, Raumbilder, Videos und interaktive Multimedia-Stationen geben anschaulich Einblick in die Vergangenheit. Bei Schlechtwetter ist mit Warteschlangen zu rechnen.

🕒 Di–So 10–18 Uhr (Einlass bis 17.30 Uhr); im Juli, August und Dezember auch Mo, Museumstraße 43, Tel. 0471 982098, www.iceman.it

B STADTMUSEUM BOZEN ★★

Das traditionsreichste Museum Bozens wurde 1905 eröffnet. Seine Bestände umfassen alte Sammlungen, wie jene des Vereins für christliche Kunst, des Museumsvereins und des Bozner Staatsgymnasiums, aber auch neuere, hauptsächlich von der Stadtgemeinde Bozen angekaufte Objekte sowie von Privaten gespendete Kunstgegenstände aus dem Mittelalter, der Gotik und dem Barock. Sehenswert ist auch die Ausstellung über traditionelle Trachten und Objekte der Tiroler Volkskultur. Berühmte Künstler wie Paul Troger, Michael Pacher, Simon von Taisten, Leonhard von Brixen, Hans Klocker, Franz von Defregger, Albin Egger-Lienz oder Hans Weber-Tyrol sind mit Exponaten vertreten. Bei Redaktionsschluss befindet sich das Museum im Umbau und ist geschlossen; nur ein Teil der Sammlung ist im Rahmen von Sonderausstellungen zu besichtigen. Der Museumsturm bietet eine fantastische Aussicht über die Dächer der Altstadt bis hin zu den Dolomiten.
Sparkassenstraße 14, Tel. 0471 997960,
www.gemeinde.bozen.it/stadtmuseum

C SCHULMUSEUM ★

Die Ausstellung im dritten Stock der Dante-Alighieri-Schule ist italienweit die erste ihrer Art. Die ausgestellten Lehrmittel, Fotografien, Dokumente, das Mobiliar und die Wandbilder vermitteln den Besuchern in unterhaltsamer Weise, wie sich der Stellenwert der Kindheit, die moralischen und kulturellen Wertvorstellungen sowie die pädagogischen Methoden in Südtirol geändert haben.
🕒 Mo–Fr 9–12 und 15–18, Sa 9–12 Uhr, im Juli und August geschlossen, Sparkassenstraße 24, Tel. 0471 997588,
www.gemeinde.bz.it

D MUSEION – MUSEUM FÜR MODERNE UND ZEITGENÖSSISCHE KUNST ★★

Das von den Berliner Architekten Krüger, Schuberth und Vandreike geschaffene ausdrucksstarke Gebäude hat eine transparente Fassade, die die Altstadt visuell über die geschwungene Fußgänger- und Radbrücke mit dem Talfergrün verbindet. Das nahe gelegene Atelier-Haus steht Künstlern als Werkstatt zur Verfügung. Auf insgesamt sieben Ebenen zeigt das Museion zeitgenössische internationale Kunst unter Berücksichtigung einheimischer Künstler. Die Ausstellungsräumlichkeiten, Werkstätten für die Museumsdidaktik, Bibliothek, Cafeteria und Museumsshop fließen ineinander über. Am Abend verwandelt sich die transparente Fassade in eine leuchtende Projektionsfläche für eigens dafür konzipierte Arbeiten.
🕒 Di–So 10–18, Do 10–22 Uhr (17–22 Uhr freier Eintritt), Dantestraße 6, Tel. 0471 223411, www.museion.it

Goethe-Galerie

KUNSTGALERIEN

ar/ge kunst Galerie Museum
Kunstverein, der verschiedene Strömungen zeitgenössischer und avantgardistischer Kunst und Architektur versammelt.
Di–Fr 10–13 und 15–19, Sa 10–13 Uhr, Museumstraße 29, Tel. 0471 971601, www.argekunst.it

Galerie Prisma
Ausstellungsräume des Südtiroler Künstlerbundes.
Di–Sa 10–12.30 und 16–19 Uhr, Weggensteinstraße 12, Tel. 0471 977417, www.kuenstlerbund.org/de/galerieprisma

Stadtgalerie
Ausstellungsort der Stadtgemeinde Bozen für Kultur- und Kunstveranstaltungen
Mo–Mi und Fr 9–12.30 Uhr, Di auch 15–16.30 Uhr, Do 8.30–13 und 14–17.30 Uhr, Dominikanerplatz 18, Tel. 0471 977855

Galerie Associazione artisti
Verband der italienischsprachigen Künstler als Pendant zum deutschsprachigen Südtiroler Künstlerbund (vgl. Galerie Prisma).
Dominikanerplatz 25, Tel. 0471 977219, www.associazioneartisti.it

Goethe-Galerie
Die 1964 von Ennio Casciaro gegründete Galerie konzentriert sich vor allem auf die italienische, österreichische und Südtiroler Nachkriegsmoderne und hat zudem einige handverlesene und erfolgreiche zeitgenössische Südtiroler Künstler im Programm; Casciaro hat die Professionalisierung

Antonella Cattani Contemporary Art

des lokalen Kunstmarkts maßgeblich vorangetrieben.
Mo–Fr 10–12.30 und 16–19.30 Uhr, Sa 10–12.30 Uhr, Mustergasse 1, Tel. 0471 975461, www.galleriagoethe.it

Goethe 2
Von Alessandro Casciaro gefördertes Ideenlaboratorium zur Entfaltung junger Künstler.
Mo–Fr 15–19 Uhr, Sa 10–12.30 Uhr, vormittags nur nach telefonischer Vereinbarung, Kapuzinergasse 26a, Tel. 0471 323938, www.goethe2.191.it

Antonella Cattani Contemporary Art
Die Galerie zeigt vor allem Einzelpräsentationen zeitgenössischer Künstler aus verschiedenen Disziplinen.
Mo 15.30–19.30 Uhr, Di–Fr 10–12.30 und 15.30–19.30 Uhr, Sa 10–12.30 Uhr, Rosengartenstraße 1/A, Tel. 0471 981884, www.accart.it

Kleine Galerie
Attraktive Räume für junge Künstler im Durchgang des alten Rathauses
Öffnungszeiten je nach Aussteller, Dr.-Streiter-Gasse, Tel. 0471 997457 (Sekretariat Stadtarchiv)

Foto Forum Galerie
Ausstellungen und Aktivitäten zur kommunikativen, kreativen und künstlerischen Fotografie.
Di–Fr 10–12 und 15–19 Uhr, Sa 10–12.30, Mo geschlossen, Weggensteinstraße 2, Tel. 0471 982159, www.foto-forum.it

Lungomare Galerie
Experimentelle Plattform für interdisziplinäre Projekte über die Beziehung zwischen Design, Architektur, Stadtplanung, Kunst und Theorie
Mo–Fr 14–19 Uhr und nach Vereinbarung, Rafensteinstraße 12, Tel. 0471 053636, www.lungomare.org

E DOMSCHATZKAMMER ★

Das Propsteigebäude neben dem Dom beherbergt Kostbarkeiten aus einer der reichsten Sammlungen sakraler barocker Kunst in Tirol. Ausgestellt sind u. a. kostbare liturgische Gewänder, Fahnenbilder und wertvolle Goldschmiedearbeiten.

Di–Sa 10–12 Uhr, Pfarrplatz 27, Tel. 0471 978676, www.dompfarre.bz.it

F MÜNZSCHATZ-AUSSTELLUNG ★

Die Südtiroler Sparkasse zeigt in ihren Schalterräumen einen beeindruckenden Münzschatz aus dem Spätmittelalter, bestehend aus über 4 000 Silbermünzen in Tiroler Währung.

Waltherplatz 26, Tel. 0471 231800

G MERKANTILMUSEUM ★★

Im ehemaligen Merkantilgebäude mit seinem prunkvollen Gerichtssaal wird die Geschichte Bozens als internationale Handelsstadt dokumentiert. Sehenswert sind neben der Architektur des Gebäudes selbst die Einrichtung von Tischlermeister Anton Katzler (1700–1730), die Gemälde des berühmten Prunksaales von Tiroler Barockmalern, die Urkunden zur Regelung der Bozner Märkte, die Stoffmusterkataloge sowie die Gemälde von Napoleon und dem italienischen König Vittorio Emanuele III. im Prunksaal.

Mo–Sa 10–12.30 Uhr, nachmittags nach Voranmeldung, Silbergasse 6 bzw. Lauben 39, Tel. 0471 945702, www.bolzano.net/deutsch/merkantilmuseum.html

H NATURMUSEUM SÜDTIROL ★★

Im ehemaligen gotischen Amtshaus Kaiser Maximilians I. wird anhand von Modellen, interaktiven Spielen, Dioramen, Experimenten und Multimedia-Stationen die Entstehung typischer Südtiroler Lebensräume und Landschaften wie die des UNESCO-Weltnaturerbes Dolomiten erläutert. Hauptattraktion ist das Meerwasseraquarium. Im Erdgeschoss finden regelmäßig Wechselausstellungen statt.

Di–So 10–18 Uhr, Bindergasse 1, Tel. 0471 412964, www.naturmuseum.it

WWW.GRUPPEGUT.IT
NATURMUSEUM SÜDTIROL
MUSEO SCIENZE NATURALI ALTO ADIGE
MUSEUM NATÖRA SÜDTIROL
Naturmuseum Südtirol
Bindergasse 1, I-39100 Bozen,
Tel. 0471 412 964,
www.naturmuseum.it, info@naturmuseum.it
Öffnungszeiten:
täglich von 10.00 bis 18.00 Uhr, außer montags,
geschlossen am 1. Jänner, 1. Mai
und 25. Dezember
Südtiroler Landesmuseen
Musei provinciali altoatesini
Museums provinzial de Südtirol

I KRIPPENSAMMLUNG KLOSTER MURI-GRIES ★

Im eindrucksvollen romanischen Turm der ehemaligen Burg Gries kann eine kleine Sammlung historischer und neuer Krippen, Weihnachtsdarstellungen und Passionsszenen besichtigt werden.

🕒 3. Februar–30. November, jeden ersten Sa im Monat 15–17 Uhr, 1. Dezember–2. Februar jeden Sa 15–17 Uhr, Juli und August nur nach Vereinbarung (Tel. 0471 921016), Grieser Platz 21, Tel. 0471 281116

K MESSNER MOUNTAIN MUSEUM FIRMIAN ★★★

Schloss Sigmundskron ist das Herzstück von Reinhold Messners fünf „Messner Mountain Museen". In der weitläufigen, exemplarisch zu musealen Zwecken adaptierten Anlage wird anhand von Kunstwerken, Installationen und Bergsteigerrequisiten die Beziehung zwischen Mensch und Berg thematisiert, darunter die Geschichte des Bergsteigens und des alpinen Tourismus unserer Tage. Im sogenannten Weißen Turm ist eine Ausstellung zur Zeitgeschichte Südtirols eingerichtet. Hier hallt noch der Ruf „Los von Trient!" wider, mit dem Silvius Magnago, der Vater der Südtirol-Autonomie, 1957 auf Schloss Sigmundskron vor 35 000 Südtirolerinnen und Südtirolern die Eigenständigkeit Südtirols forderte.

🕒 MMM Firmian: Anfang März–Mitte November, Di–So 10–18 Uhr, Sigmundskroner Straße 53, Tel. 0471 631264, www.messner-mountain-museum.it

Schloss Sigmundskron

Banco 11

DIE STADT ERLEBEN

BOZEN FÜR GENIESSER

Genießer kommen in Bozen voll auf ihre Kosten, bei beträchtlicher Sonnengarantie könnte der Tag mit Cappuccino und Brioche, dem klassischen italienischen Frühstück, im eleganten **Café Restaurant Walthers'** (» S. 45) beginnen. Für den Aperitiv bietet sich das **Lounge Exil** (» S. 63) an, wo sich das bunte Publikum zu einem Veneziano (leuchtend oranges Mixgetränk aus Weißwein, Mineralwasser und Aperol) oder einem Hugo (Mischung aus Holundersirup, Prosecco, Mineralwasser und frischer grüner Minze) einfindet. **Banco 11** (» S. 46) oder **Carrettai** (» S. 47) locken mit zum Prosecco wunderbar passenden Appetithäppchen mit Rohschinken, Oliven und Thunfisch. Für ein gastronomisches Mitbringsel empfiehlt sich das Feinschmeckerparadies **Seibstock** (» S. 51) unter den Lauben, wo einem angesichts von Speck, geräucherten Hartwürstchen, feinsten einheimischen Käsesorten sowie Destillaten aus Äpfeln, Birnen oder Weintrestern das Wasser im Munde zusammenläuft. Zu einer Genusstour durch Bozen gehört die Erfahrung der quirligen Enge im **Weißen Rössl** (» S. 46), wo es sich gut und preiswert zu Mittag essen lässt; empfehlenswert ist dort das Herrengröstl, ein einfaches Gericht aus Bratkartoffeln und gekochten Rindfleischstücken. Leichtere und mediterrane Speisen werden im Garten des eleganten **Restaurants Laurin** (» S. 44) serviert. Für Kaffee und Kuchen samt einem breiten Angebot internationaler Tageszeitungen ist das **Stadtcafè** am Waltherplatz ein guter Tipp, die **Konditorei Lintner** (» S. 53) ist für ihre himmlischen Hefekuchen bekannt. Abends kehren Bozner und solche, die dazu gehören wollen, gerne im **Vögele** ein (» S. 45), einem der traditionsreichsten Wirtshäuser der Stadt.

BOZEN FÜR KINDER

Bozen trägt seit Jahren die Auszeichnung „kinderfreundliche Stadt". Die kurzen Wege, die weiträumige Fußgängerzone, die vielen Unterhaltungsangebote und Kinderveranstaltungen und nicht zuletzt die Dolomiten in greifbarer Nähe bieten großen und kleinen Bozen-Urlaubern Abwechslung und Vergnügen!

Sowohl das **Archäologie-** (» S. 30) als auch das **Naturmuseum** (» S. 34) bieten vielfältige museumspädagogische Projekte wie besondere Familienführungen, Audioguides für Kinder, Lese- und Spielräume, Märchenstunden oder sogar eine Übernachtung im Naturmuseum mit Gute-Nacht Geschichten, Mineralien- und Tiersuche mit der Taschenlampe und einem leckeren gemeinsamen Frühstück. Für Kinder im Grundschulalter organisieren beide Museen auch Kindergeburtstage mit Kuchen und Getränken.

Das **Cortile/Theater im Hof** bietet einen vielfältige Spielplan, der Kindern und Eltern gleichermaßen gefällt (Tel. 0471 980756, www.theaterimhof.it).

Die **Talferwiesen** mitten in der Stadt laden zum Spielen und Toben ein und im gesamten Stadtgebiet gibt es viele liebevoll gestaltete Spielplätze, vor allem am linken Talferufer (www.gemeinde.bozen.it). Der Verein für Kinderspielplätze VKE betreut außerdem zwei Spielhäuser und ist mit mehreren Spielbussen unterwegs (Tel. 0471 977413, www.vke.it).

Im Sommer können sich die Kleinen im zentrumsnahen **Freibad** (» S. 41) mit viel Grün, Kinderbecken und Rutschen vergnügen.

Klettern auf den Talferwiesen

Das **ELKI Bozen** ist ein offener Treffpunkt und Kommunikationsort für Kinder, (werdende) Eltern, Großeltern. Es stehen eine Still- und Wickelecke, eine Tee- bzw. Kaffeeküche, eine Bücher- und Leseecke sowie viel Platz zum Toben, Laufen und Spielen zur Verfügung.

Mo–Fr 9–12 und 15–18 Uhr, Sa 9–12 Uhr, Rauschertorgasse 10, Tel. 0471 981011

Stadtnahe Ausflugsziele in luftiger Höhe werden gleich von drei **Seilbahnen** (Jenesien, Ritten und Kohlern) erschlossen, auch eine Fahrt mit der Schmalspurbahn über das Rittner-Hochplateau (» S. 70 f.) ist für Kinder ein nicht alltägliches Erlebnis. Weitere und detailliertere Anregungen bietet der in dieser Reihe erschienene Führer **„Südtirol für Kinder"** (ISBN 978-3-85256-485-2).

Guntschna-promenade

BOZEN FÜR SPAZIERGÄNGER

Die **Wassermauerpromenade** begleitet beidseitig das Flussbett der Talfer und nutzt dabei die ehemaligen Dammkronen. Der schöne Baumbestand mit Blumenrabatten und Rosenbeeten bezaubert ebenso sehr wie das von den weiten Wiesen gesäumte Flussbett. Herrlicher Blick zum Rosengarten und auf Schloss Maretsch. Ausgangspunkt: Talferbrücke, Café Theiner. Gehzeit bis zur St.-Anton-Brücke: 20 Minuten.

Die **Oswaldpromenade** quert den Berghang im Nord-Osten Bozens und führt, teilweise über Holzbrücken an Felswänden entlang, von der St.-Anton-Brücke bis zum Weindorf St. Magdalena. Der Weg ist gesäumt von wärmeliebenden Pflanzen; bereits im Januar blüht der gelbe Jasmin. Bänke laden zum Verweilen ein, der Ausblick auf die Dächer von Bozen, den Talkessel und die Dolomiten ist beeindruckend. Einkehrmöglichkeit beim Gasthof und Terrassencafé Eberle in St. Magdalena. Höhenunterschied 140 m, Gehzeit von der St.-Anton-Brücke bis St. Magdalena: 45 Minuten. Von dort nach kurzem, steilem Abstieg Rückkehr ins Zentrum mit Bus Nr. 1.

Die nach dem Habsburger Erzherzog Heinrich benannte **Promenade** führt im Westen der Stadt in Serpentinen hinauf nach Guntschna. Längs der Promenade gedeihen mediterrane Pflanzen wie Olivenbaum, Lorbeer, Feigenkaktus, Agave, Korkeiche oder Palme. Viele der seltenen Pflanzen sind mit Namensschildern versehen. Ausgangspunkt ist die Alte Grieser Pfarrkirche (» S. 24).
Bis zum höchsten Punkt beim Reichrieglerhof sind es 250 Höhenmeter, Gehzeit ab Gries: 45 Minuten. Bei Abstieg über die Fagenschlucht zu einer Rundwanderung ausdehnbar.

BOZEN FÜR RADFAHRER

Bozen verfügt über ein gut ausgebautes Radwegenetz und kann sich mit Europas fahrradfreundlichsten Städten messen. Der längste und schönste Radweg führt vom Parkplatz bei Schloss Runkelstein im Norden die Talfer entlang bis zu deren Mündung in den Eisack. Von dort geht es entweder weiter dem Fluss entlang bis zum südwestlichen Stadtrand, wo der Etschradweg ins Südtiroler Unterland beginnt, oder nach Osten, an der Altstadt vorbei in Richtung Eisacktal.
Stadtplan mit dem Radwegnetz Bozens: www.gemeinde.bozen.it/UploadDocs/3031_piantina_generale_bicibz.pdf

Günstige **Leihräder**, auch Kindersitze, gibt es gegen Kaution und Hinterlegung des Personalausweises von Mitte Mai bis Ende Oktober beim städtischen Radverleih in der Bahnhofsallee, Nähe Waltherplatz. Vormerkungen für Gruppen beim Amt für Mobilität, Tel. 0471 997877, www.gemeinde.bozen.it (Fahrradverleih).
Außerdem verleihen Räder das Verkehrsamt Bozen, Waltherplatz 8, Tel. 0471 307000 sowie Zweirad Engl, Cavourstraße 20, Tel. 0471 978114.

Für **Downhill**-Begeisterte gibt es rund um Bozen mehrere Trails, die zu den attraktivsten im Alpenraum gehören und außerdem handfeste Vorteile bieten: Bequem mit einer der drei Seilbahnen (Ritten, Kohlern, Jenesien) von Bozen in die Höhe, auf rassigen Strecken, die schon zeitig im Frühjahr trocken und sonnig sind, zu Tal.

BOZEN FÜR SCHWIMMER

Das **öffentliche Schwimmbad**, allgemein „Lido" genannt, wurde vom Architekten Ettore Sottsass sen. geplant und 1932 eingeweiht, es gilt als Musterbeispiel der rationalistischen italienischen Architektur. Die großzügige, zentrumsnah gelegene Anlage mit viel Grün und großen schattenspendenenden Bäumen zählt in den Sommermonaten täglich Tausende sonnenhungrige Badegäste, die bei Schlechtwetter in das Hallenbad ausweichen.

Am Lido haben auch Turmspringwettbewerbe Tradition: Mit Klaus Dibiasi hat die Stadt Italiens ersten Olympiasieger im Turmspringen hervorgebracht, der zudem als einziger dreimal hintereinander olympisches Gold gewann (1968, 1972, 1976). Die Boznerin Tania Cagnotto setzt diese Erfolgsgeschichte im Wasserspringen fort: Die Vizewelt- und Europameisterin ist ein Aushängeschild für das gesamte Sportland Südtirol.

Juni–August 9.30–19 bzw. 20 Uhr, Triester Straße 21, Tel. 0471 911435

In den übrigen Monaten ist das Hallenbad und Fitness-Center geöffnet: olympisches Becken, Wasserrutsche, Sprungturm, Kinder- und Erlebnisbecken und Strömungskanal. Badehaubenpflicht!

Mo–Fr 6.45–8 Uhr, 8–10 Uhr (2 Schwimmbahnen), 12.15–14.30 Uhr, 16.30–21 Uhr; Sa 14–21 Uhr; So und Feiertage 9–21 Uhr, Triester Straße 21, Tel. 0471 911000

Vögele

ESSEN & TRINKEN

RESTAURANTS UND PIZZERIE

In Südtirol trifft sich die traditionelle herzhaft-bäuerliche mit der leichten mediterranen Küche Italiens. Klassische Vorspeisen sind Suppen auf der Basis einer Bouillon mit verschiedenen Einlagen (Milzschnitten, Grießnocken, Frittaten), aber auch Gerstensuppe, Terlaner Weinsuppe oder Bozner Suppe (mit Rindskutteln). Daneben gibt es vielerlei Knödel: Speckknödel, Fastenknödel (ohne Speck), Leberknödel, „schwarzplentene" Knödel (aus Buchweizen), Pressknödel (mit Graukäse oder Zieger) und Nocken mit Käse, Spinat oder Pilzen. Eine besondere Spezialität sind Schlutzkrapfen, Teigravioli mit Spinat-Topfen-Füllung. Unter den Südtiroler Fleischspezialitäten sind Kalbskopf, Bauernschöpsernes (Hammelfleisch in St. Magdalener Wein) oder Bauerngröstl (Röstkartoffeln mit Fleisch und Speckkrautsalat) zu nennen. Bei den Desserts findet man hauptsächlich süße Mehlspeisen, Marillen- oder Zwetschgenknödel, Schmarren, Krapfen, Strauben und Strudel mit vielerlei Füllungen.

Die Einflüsse der italienischen Küche haben dazu beigetragen, dass die lokale Küche vielseitig, weniger üppig und deftig, dafür leichter, bekömmlicher und abwechslungsreicher wurde. So findet man in Südtirol die typischen italienischen Vorspeisevariationen, vorzügliche Pastagerichte und Pizza.

Abramo Da Piero €€

Bekannt für seine gute italienische Küche mit Fischgerichten und großer Pizzaauswahl am Abend. Geräumiges, renoviertes Restaurant mit Tischen im Freien unter Gartenlauben.

Mo Ruhetag, Grieser Platz 16, Tel. 0471 401343

Al Bocciodromo €

Herzhafte Küche, wie bei „Mamma"; besonders beliebt sind die hausgemachten Nudelteller, Muschelgerichte und die Spaghetti mit Meeresfrüchten. In unmittelbarer Nähe eines Bocciaplatzes.

So abends, Mo Ruhetag, Triester Straße 17, Tel. 0471 917105

Anita €

Lokal mit mehreren teilweise getäfelten Räumen und dem Flair eines alten „Beisls". Gemischtes Publikum aus Studenten, Geschäftsleuten und Angestellten. Einheimische, bürgerliche und italienische Speisen, Tagesteller und Salate für Eilige.

Sa abends und So Ruhetag, Obstplatz 5, Tel. 0471 973760

Batzenhäusl €

Früher war das Batzenhäusl eine vielbesuchte Künstlerkneipe. Auf drei Stockwerken werden bis nach Mitternacht einfache bürgerliche Gerichte serviert und das Fassbier der Bozner Brauerei gezapft. Gut besuchte Mittagstafel. Etliche Tische im Freien unter einer großen Glyzinienlaube, die im Frühjahr wunderbar blüht und duftet.

kein Ruhetag, Andreas-Hofer-Straße 30, Tel. 0471 050950, www.batzen.it

Cascade €€

Modernes und großes Haus mit optimaler Verkehrsanbindung und guten Parkmöglichkeiten. Schnelle, vielfältige und trotzdem gepflegte Küche bis 24 Uhr, Bar-Café, vom Restaurant abgetrennter Raucherraum.

Kein Ruhetag, Innsbrucker Straße 11, Tel. 0471 970593

Chinarestaurant Drago D'Oro €

Eines der ältesten Chinarestaurants in der Altstadt mit treuer Stammkundschaft. Tipp: Gedämpfter Wolfsbarsch mit Ingwer.

kein Ruhetag, Rauschertorgasse 7a, Tel. 0471 977621

Eberle €€

Vorzügliche klassische Küche bei fantastischer Aussicht von der Panoramaterrasse über den Bozner Talkessel zu den Weingärten am Nordhang Bozens. Eigene Linie Magdalener Weine. Etwas steile und umständliche Zufahrt.

Mo Ruhetag, St. Magdalena, St.-Oswald-Promenade 1, Tel. 0471 976125, www.hotel-eberle.com

Forsterbräu Central €

In zentralster Lage zapft das Restaurant bestes Bier der Meraner Brauerei Forst, auch aus der Küche kommt

Mondschein

Gutes: einfache, schnelle Gerichte mit italienischem und Tiroler Einschlag.
⌚ So Ruhetag (außer Dezember), Goethestraße 6, Tel. 0471 977243, www.forsterbrau.it

Geier €

Stets gut besuchte Pizzeria gegenüber der Grieser Pfarrkirche mit kleiner Auswahl an Tellergerichten und guten Pizzen aus dem Holzofen. Tische im Freien.
⌚ So Ruhetag, Grieser Platz 7, Tel. 0471 264312

La Torcia €

Viele verwinkelte kleine Säle in einem Altstadthaus, im Sommer Tische auf der verkehrsfreien Gasse. Einfache regionale italienische Küche, große Pizzaauswahl.
⌚ 12–14 und 18.30–24 Uhr, So Ruhetag, Gerbergasse 25, Tel. 0471 973236, www.latorcia.com

Laurin €€€

Zweifellos eine der besten Adressen des Landes, das Hotelrestaurant ist dem Standard eines First-Class-Hauses angemessen. Frühstück, Lunch und Dinner unter Palmen; der Hotelpark ist trotz der zentralen Lage eine Oase der Ruhe. Interessante Speisekarte mit internationalen, einheimischen und italienischen Gerichten, im Sinne der Initiative „Fair Cooking": Gerichte werden mit hochwertigen Produkten aus fairem Handel zubereitet. Bestens sortierte Weinkarte.
⌚ So Mittag Ruhetag, Laurinstraße 4, Tel. 0471 311000, www.laurin.it

Mondschein €€

Chef Karl Unterhofer persönlich waltet in der Küche des historischen, auch von der Bindergasse aus zugänglichen Gasthofs und Top-Hotels und stellt selbst verwöhnte Gaumen mit gemischt Gekochtem, Stockfischgröstl und der herbstlichen Schlachtplatte zufrieden. Gastgarten, Speisesäle und antikes Stübchen. Eingang.
⌚ So Ruhetag, Piave-Straße 15, Tel. 0471 975642, www.hotel-luna.it

Nussbaumer €

Appetithäppchen, Käse, Aufschnittbuffet, Pizza und gute Weinauswahl. Im Sommer Tische auf der Straße; preiswerte Tagesteller und Menüs.
⌚ Mo–Sa 9.30–24 Uhr, So Ruhetag, Bindergasse 11, Tel. 0471 053366

Paulaner Stuben

Große Räumlichkeiten in der Fußgängerzone, Zugang sowohl von den Lauben als auch von der Silbergasse. Fassbiere, einheimische und lokale Küche, auch Pizza.

So Ruhetag (außer Dezember), Silbergasse 16, Tel. 0471 980407, www.paulanerstuben.com

Rastbichler

Seit über 20 Jahren von Anna und Adolf Tauber geführtes Restaurant an der Ausfallstraße ins Sarntal am Nordrand der Stadt, ein idealer Ort für Gerichte in typischer Tiroler Tradition. Do und Fr Fischtage.

Sa Mittag und So Ruhetag, Luigi-Cadorna-Straße 1, Tel. 0471 261131,

Il Tinello

Das kleine Lokal, in einer Altstadtgasse in der Fußgängerzone versteckt, serviert pfiffige italienische Küche, zu empfehlen sind die Nudelgerichte, selbstverständlich mit hausgemachten Teigwaren, sowie die Fischsuppe. An heißen Sommertagen speist es sich gut im kleinen Garten.

So Ruhetag, Gerbergasse 38, Tel. 0471 324711, 339 6087186, www.tinello.bz.it

Torgglhaus

Weinlokal und Restaurant in verwinkelten, getäfelten Gaststuben im ersten Stock eines historischen Geschäftshauses. Mittags beliebt bei Angestellten und Beamten; gute Pizza.

Sa und So Mittag Ruhetag, Museumstraße 2, Tel. 0471 978109

Vögele

Traditionsreiches Wirtshaus, vormals „Roter Adler", mit schön getäfelter Stube und einem Schankraum, an dessen Theke sich die Kaufleute und Wirtschaftstreibenden der umliegenden Geschäfte zum Plausch treffen. Gute Balance zwischen bodenständigen und italienischen Gerichten sowie reiche Auswahl an Südtiroler und italienischen Weinen.

So Ruhetag, Goethestraße 3, Tel. 0471 973938, www.voegele.it

Walthers'

Szenelokal in einmaliger Lage im Herzen der Stadt, viel Platz im Freien unter Sonnenschirmen, gute zeitgemäße Küche. Tellergerichte, reichhaltige Weinkarte. Im Sommer jeden Di und Fr Musik und Drinks unter der Regie des Walthers'-Teams im Innenhof des gegenüberliegenden Palais Campofranco.

So Ruhetag, Waltherplatz 7, Tel. 0471 982548, www.walthers.it

Walthers'

Weißes Rössl

Der Bozner Gasthof! Zu den Mahlzeiten wird um jeden Sitzplatz gerungen, die Wirtsleute setzen selbstverständlich andere Gäste an Ihren Tisch. Bodenständige Küche zu günstigen Preisen. Hier begegnet einem noch der Sarner Bauer in seiner Tracht, wie er am Vormittag nach dem Besuch der Ämter seine „saure Suppe" isst, aber auch eleganten Theaterbesuchern, die nach der Vorstellung über Kultur diskutieren. Warme Küche bis 24 Uhr.

Sa abends und So Ruhetag, Bindergasse 6, Tel. 0471 973267, www.weissesroessl.org

Zenzero

Sympathisches Restaurant in einem historischen, restaurierten Bürgerhaus mit ausgewählten italienischen und orientalischen Gerichten. Kleiner geschützter Innenhof, schneller Mittagstisch vom Buffet.

So Ruhetag, Museumstraße 15, Tel. 0471 301966

Zur Kaiserkron'

Restaurant im Herzen der Altstadt in einem ehemaligen Patrizierhaus. Feine italienische Küche. Im Sommer werden die Tische auf den kleinen Musterplatz gestellt.

Sa abends und So Ruhetag, Musterplatz 2, Tel. 0471 303233, www.kaiserkron.bz

FÜR DEN KLEINEN HUNGER UND DURST ZWISCHENDURCH

Die neue Variante der italienischen Straßencafés sind Paninoteche und Bruschetterie sowie Enoteche, wo es neben Espresso und einer mehr oder weniger großen Auswahl an Weinen vielerlei panini *(belegte Brötchen),* tramezzini *(weiche Toastbrotscheiben, meist mit russischem Salat, Mayonnaise, Salatblättern, Tomatenscheiben, Mozzarella, Thunfischcreme oder Ähnlichem belegt),* focacce *(gefüllte Fladenbrote) oder* bruschette *(geröstete und mit Knoblauch, Olivenöl, Tomatenmark, Oregano oder Fisch belegte Weißbrotscheiben) gibt.*

Banco 11

Winziger Weinladen umgeben von Obst- und Lebensmittelständen, eine Oase des guten Trinkens und ebensolcher Häppchen, wo Birgitta Puustinen Elpi, eine tüchtige, in Bozen verliebte Finnin, das Kommando hat und für gute Laune sorgt.

So Ruhetag, Obstplatz 11, Tel. 0471 1922845

Café Museion

Einmalige Lage im Glaskubus des Museums für moderne Kunst, zentral und dennoch unmittelbar am Talfergrün. Variationsreiche Mittagskarte, auch glutenfreie Nudelgerichte und laktosefreie Milch.

Mo Ruhetag, Küche: Di–Fr 12–14.30 Uhr; Bar: Di–So 8–18 Uhr (im Winter) bzw. 8–21 Uhr (im Sommer), Dantestraße 2, Tel. 333 4068762, www.cafe-museion.it

Osteria dei Carrettai

Weinlokal, das auf die Ehrlichkeit der Gäste setzt, die sich verschiedene Sorten Wein selbst vom Fass zapfen und die leckeren Brötchen und Appetithappen von der Theke holen können. Erst nach dem Verzehr wird die Zeche bezahlt! Immer proppenvoll.

So Ruhetag, Dr.-Streiter-Gasse 20, Tel. 0471 970558

Fischbänke, Doctor Streiter's Winegarden

Sicherlich die originellste Kneipe Bozens. Auf den Marmortischen der ehemaligen Fischverkaufsstände tischt Cobo – Lebenskünstler, Maler und Gastronom – Wein, Bier und kleine Imbisse auf. Nur in der warmen Jahreszeit und bei Schönwetter geöffnet, außer Sonnenschirmen gibt's kein Dach über dem Kopf.

Mitte April–Mitte Oktober, Sa Abend und So Ruhetag, Dr.-Streiter-Gasse 28

Il Baccaro

Kleines, originelles Weinlokal im Innenhof eines alten Altstadthauses. Vielerlei offene Flaschenweine, Brötchen, Appetithäppchen.

So Ruhetag, Silbergasse 17, Tel. 0471 971421

Il Muflone rosa

Sympathisches Lokal, dessen Spezialität Pizzaschnitten und Bruschette sind; gute Weinauswahl. Mittags Tagesteller.

So Ruhetag, Rauschertorgasse 22, Tel. 0471 300867

Eden Park

Das „Saftladele", in dem allerlei frische Obst- und Gemüsesäfte oder Milchmixgetränke, kandierte Früchte, Trockenobst, Nüsse und leckere Crèpes zu finden sind.

So Ruhetag, Museumstraße 4b, Tel. 0471 977905

Fischbänke

Parkhotel Laurin

ÜBERNACHTEN IN BOZEN

Adria ★★★

Zentral am Autobusbahnhof gelegen. Moderne Zimmer, 57 Betten.
Perathonerstraße 17, Tel. 0471 97 57 35 www.hoteladria-bz.it

Artshotel ★★★

Das besondere, moderne Stadthotel: Jedes der 25 Zimmer wurde von einem anderen Künstler gestaltet. 32-Zoll-LCD-TV, tolles Frühstücksbuffet, Gratistransfer zum Flughafen Bozen, moderate Preise.
Mazziniplatz 35, Tel 0471 401359, www.artshotel.it

Designhotel Greif ★★★★

Hinter der historischen Fassade steckt ein moderner Hotelbau. Jedes der 33 Zimmer wurde von einem anderen Künstler aus Italien, Österreich oder Deutschland nach dem Motto „Augenlust" gestaltet, 65 Betten.
Raingasse 28, Tel. 0471 318000, www.greif.it

Eberle ★★★★

In aussichtsreicher Lage oberhalb von Bozen. Schmale und steile Zufahrt. Auch für Tagungen ausgestattet, großer Parkplatz, Tennisplätze, Pool, 60 Betten.
St. Magdalena, Oswaldpromenade 1, Tel. 0471 976125, www.hotel-eberle.com

Feichter ★★

In der Fußgängerzone (Zufahrt für Hotelgäste erlaubt), hoteleigene Parkgaragen in der Nähe. Zimmer teilweise mit Balkon und Dolomitenblick, preiswertes Restaurant (Sa abends, So Ruhetag). Weinstube , Stammtisch, Dachterrasse, 50 Betten.
Weintraubengasse 15, Tel. 0471 978768, www.hotelfeichter.it

Figl ★★★S

Stilvoll renoviertes Haus im Herzen der Altstadt. Komfortable Zimmer und Suiten, 54 Betten.
Kornplatz 9, Tel. 0471 978412, www.figl.net

Four Points Sheraton ★★★★

Ideal für Geschäfts-, Messe- und Kongressreisende, in der Gewerbezone Bozen-Süd, nahe dem Messegelände und der Autobahnausfahrt gelegen. Spa (7. Etage) mit Panoramablick auf die Dolomiten. Große, moderne Zimmer, Hallenbad, Fitness-Studio, Top-Restaurant, 13 Tagungsräume, 378 Betten.
Buozzi-Straße 35, Tel. 0471 1950000, www.fourpointsbolzano.it

Piavestraße 15, Tel. 0471 975642, www.hotel-luna.it

Hanny ★★★

Familiäres, modernes Hotel mit Restaurant (Mo Ruhetag, im Sommer So Ruhetag) in den sonnigen Weingärten von St. Peter. Der Besitzer steht selbst am Herd und sorgt für die gute Qualität der Küche und der Eigenbauweine. Terrasse, Parkgarage, 34 Betten.

St. Peter 4, Tel. 0471 973498, www.hotelhanny.it

Jugendherberge Bozen

Komfortable, moderne Jugendherberge mit Ein-, Zwei- und Mehrbettzimmern, in Bahnhofsnähe, 81 Betten.

Rittner Straße 23, Tel. 0471 300865, www.jugendherberge.it

Kolpinghaus ★★

Kirchliche Einrichtung, Studentenwohnheim, ein Teil des Hauses wird als Hotel geführt. Zentral in Uni-Nähe, modern, preiswert, Selbstbedienungsrestaurant, Seminar- und Versammlungsräume, Parkgaragen, 138 Betten.

Adolph-Kolping-Straße 3, Tel. 0471 308400, www.kolping.it/bz

Parkhotel Laurin ★★★★S

Unbestritten die Nr. 1 in Bozen. Elegantes Jugendstilhaus, zentral, mit jedem Komfort, individuell mit Originalkunstwerken ausgestattete Zimmer. Restaurant (» S. 44), Bar, Garten, Pool, Garagen, Parkplatz, 194 Betten.

Laurinstraße 4, Tel. 0471 311000, www.laurin.it

Parkhotel Mondschein ★★★★

Zentral gelegenes, historisches Haus mit Spitzenkoch (» S. 44). Gastgarten, getäfelte Gaststube, Parkgarage, 140 Betten.

Post Gries ★★★

Zum Hotelkomplex gehört das alte Dorfwirtshaus mit gemütlichen Stuben und Schankraum. Parkgarage, Busparkplatz, komfortable Zimmer, 151 Betten.

Freiheitsstraße 117, Tel. 0471 279000, www.hotel-post-gries.com

Regina A. ★★★

Nahe am Bahnhof und am Altstadtzentrum, öffentliche Parkgarage nebenan. Gut ausgestattete Zimmer, Nachtportierservice, 67 Betten.

Rittner Straße 1, Tel. 0471 972195, www.hotelreginabz.it

Stadthotel ★★★

Im Besitz der Stadt Bozen, modern, zentrale Lage. Restaurant, Bar, Spa, Parkgarage, 180 Betten.

Waltherplatz 21, Tel. 0471 975221, www.hotelcitta.info

Stiegl ★★★★

Außen Jugendstilpracht, innen modern. Stilvolles Restaurant, Gastgarten, Park mit altem Baumbestand, Freischwimmbad, kurzer Weg in die Altstadt, 110 Betten.

Brennerstraße 11, Tel. 0471 976222, www.scalahot.com

Neben diesen ausgewählten Häusern in der Stadt finden sich weitere Hotels in **Kohlern** (Gasthof Hotel Kohlern, www.kohlern.com), im 8 km entfernt liegenden **Jenesien** (Tourismusverein Tel. 0471 354196, www.jenesien.net) oder auf dem **Ritten** (Tourismusverein Tel. 0471 356100, www.ritten.com), alle über Panoramastraßen und Seilbahnen erreichbar.

Unter den Lauben

EINKAUFEN IN BOZEN

Bozens Altstadt bietet eine attraktive Mischung aus Südtiroler Traditionsgeschäften und italienischem Chic. Sie finden Lederwaren, Loden und Trachtenmode, Holzschnitzereien aus Gröden und anderes Kunsthandwerk ebenso wie italienisches Design, insbesondere bei Haushaltswaren und Möbeln.

ANTIQUITÄTEN

Antik & Art Savoi (Dr.-Streiter-Gasse 10), **Antiquitäten Vintler** (Galerie Tonetti, Vintler Galerie 10), **Antiquitäten Onas** (Franziskanergasse 2) oder **Kunstgalerie Morandell** (Museumstraße 16).

BLUMEN

Zypressen, Oliven- und Granatapfelbäume, Palmen für den Wintergarten, Duft- und Gewürzkräuter aus biologischem Anbau sowie ein breites Angebot an Topf- und Staudenpflanzen und Gehölzen gedeihen und betören in der **Gärtnerei Schullian** (Meraner Straße 75).

BROT

Die meisten Italiener kennen nur Weißbrot und sind deshalb von der Fülle an Brotsorten überrascht, die hierzulande feilgeboten wird. Südtiroler Spezialitäten sind das Schüttelbrot, ein dünnes, knuspriges, haltbares Fladenbrot, oder das Vinschgerle, ein weiches, flache Sauerteig-Roggenbrötchen. Beide passen hervorragend zu einer Marende mit Speck und einem Glas Rotwein.
Gutes, wirklich handwerklich hergestelltes Brot finden Sie in der kleinen Stadtbäckerei **Grandi**, versuchen Sie z. B. das herrliche Nussbrot, oder das Olivenbrot! (Bindergasse 18, Tel. 0471 978143)

Eine reiche Auswahl an Brot bieten die **Franziskanerbäckerei** (Franziskanergasse 3, Filialen u. a.: Museumstraße 10, Weintraubengasse 44, Bindergasse 2, Südtirolerstraße 1a) oder **Hackhofer**, der Dorfbäcker vom Ritten mit Filialen in der Innenstadt (z. B. Delaistraße 1a). Neben vielerlei Sorten Brot gibt es auch Kuchen, Salzgebäck und kleine Pizzen. Das **Bozner Brot** findet man am Verkaufsstand auf dem Obstplatz, vor der Brauerei Hopfen & Co. Dazu passender Tipp: das aus Weizenmehl mit Biermaische knusprig gebackene Malztreberbrot.

BÜCHER

Athesia (Lauben 41) bietet ein umfangreiches Angebot mit vielen Tirolensien und eigenem Verlagsprogramm. **Ko-Libri** (Raingasse 17) ist klein, kritisch, zeitgemäß und führt Literatur in beiden Landessprachen. Die **Südtiroler Buchhandlung** (Goethestraße 34) hat ihre Stärken bei Südtirol-, Kinder- und Jugendliteratur sowie Karten. **Mardi Gras** (Andreas-Hofer-Straße 4) hat eine große Auswahl an Comics und internationaler Literatur. Die **Libreria Cappelli** (Siegesplatz 41) ist Bozens große italienische Buchhandlung.

DAUNENDECKEN

Besonders die italienischen Besucher finden Gefallen an den Federbetten mit Daunenfüllung, den „piumoni", die in großer Auswahl bei **Eccel Decorona** (Geschäft des Herstellers DaunenStep®) zu finden sind (Dr.-Streiter-Gasse 23, www.eccel.it).

DELIKATESSEN

Lebensmittel und Delikatessen bieten die Spezialabteilungen der großen Supermärkte an, viel sympathischer ist ein Delikatessengeschäft wie **Seibstock** (Lauben 50) – schon die handbetriebene rote Berkel-Aufschnittmaschine mit dem großen Schwungrad ist eine Augenweide.

Tonhaus

Hier finden Sie die ausgefallensten Delikatessen Italiens und anderer Länder: feine Wurstwaren, Speck, verschiedene Käsesorten, Teigwaren, Ravioli, Öle, Eingemachtes und Eingelegtes, Gewürze, Polentamehl, allerlei Sorten trockener Bohnen und und und. Für den süßen Gaumen gibt es köstliche Marmeladen, Säfte, handgemachte Pralinen und Schokoladen.
Am Obstplatz haben die Feinkost-„Standln“ **Da Andrea** und **Peer** mit ihren vielen Käse-, Wurst-, Aufschnitt- und Schinkensorten eine treue Kundschaft. Liebhaber von Schokolade werden bei **Chocolat** (Obstplatz 1) fündig.

HANDARBEITEN AUS GLAS

Elmar und Evelyn Prader gestalten in ihrem Geschäft mit angeschlossener Werkstatt Schmuck und Ziergegenstände aus Glas – da wird geritzt, vergoldet, bemalt und geformt (Rauschertorgasse 32).

HEIMISCHES HANDWERK

Handarbeiten aus Holz, Keramik, Textilien, Mode- und Trachtenschmuck sowie folkloristisches Kunsthandwerk verkaufen die **Südtiroler Werkstätten** im Merkantilgebäude (Lauben 39). Die berühmten Grödner Holzschnitzereien in großer Auswahl bietet **Tschager** (Rathausplatz 7). In Form und Farbe ungewöhnliche Lederwaren, Hand- und Geldtaschen sowie Gürtel findet man in dem kleinen Werkstatt-Geschäft **Il Gufo** (Rauschertorgasse 6).

HUTMACHEREI UND SCHUHE

Die einst bekannte **Hutmacherei Rizzolli** (Lauben 60) hat sich zu einem modernen Schuh- und Lederwarengeschäft entwickelt. Das verwinkelte und liebevoll restaurierte Geschäftshaus macht den Einkauf zum Erlebnis.

KERAMIK

Die Firma **Thun** (www.thun.it) ist bekannt für ihre aus Kunstkeramik gefertigten pausbäckigen „Bozner Engel" (urheberrechtlich geschützt!), aber auch für Vasen, Keramikfiguren und -artikel aller Art sowie für Porzellangeschirr. Im Thuniversum (Galvanistraße 29, www.thuniversum.it) wird die Entstehung der Keramikengel und anderer Design-Erzeugnisse vom Entwurf bis zur Fertigung aufgezeigt. Ein Besuch im Ab-Werk-Verkauf im Industriegebiet lohnt sich auch wegen des Panoptikums, das den Besucher wie in einem Ballon über verschneite Dolomitengipfel entführt. (Wem der Weg zu weit ist, bekommt die „Bozner Engel" aber auch in den **Südtiroler Werkstätten** (» S. 52). Im **Tonhaus**, einem geschmackvoll gestalteten Laden, verkauft Christine Mahlknecht zeitgemäße und traditionelle Kunstkeramik verschiedener Werkstätten, insbesondere einheimischer Töpfer (Rauschertorgasse 28).

KUCHEN & TORTEN

Der altösterreichische Einfluss ist spürbar; Hefekuchen duften aus der **Konditorei Lintner** (Leonardo-da-Vinci-Straße 8); meisterhaft gebackene Kuchen und Torten verkauft die Konditorei **Kaffee Klaus** (Maria-Delago-Platz 1). Vollkornkuchen und andere „gesunde" Köstlichkeiten findet man in der **Konditorei Menz** (Grieser Platz, Freiheitsstraße 101). In der **Loacker Moccaria**, dem Firmenshop des bekannten Südtiroler Waffelproduzenten (Waltherplatz 11), gibt es Espresso, Macchiato, Cappuccino und eben die köstlichen Loacker-Waffeln und Törtchen. In der **Konditorei Streitberger** (Museumstraße 15) schmecken Kaffee und Kuchen in gediegener Wiener Kaffeehausatmosphäre.

Loacker Moccaria

Mario Woche

LIFESTYLE IN BOZEN von Anna Quinz

MODE UND ACCESSOIRES

Arts&Crafts
Mode, Accessoires und Einrichtungsgegenstände in einem Ambiente mit Retro-Charme.
Obstplatz 36

Attic
Nicht nur moderne Damen- und Herrenmode: auch die Vintage-Einrichtung des Geschäfts steht zum Verkauf.
Silbergasse 5

Calzature Principe
Schuhe der besten italienischen Marken. Besonders zu empfehlen sind die Wanderschuhe der Südtiroler Marke Luis Trenker.
Goethestraße 1

Carla Brunetti
Orientalisch angehauchter Schmuck, perfekt in der Anfertigung und Kombination der Materialien.
Leonardo-da-Vinci-Straße 3

Daghi Mahl
Maßgeschneiderte Kleidung – klassisch und zeitlos – in einem echten Modeatelier.
Museumsstraße 54, erster Stock

Federica Pallaver
Handgefertigte originelle und moderne Ketten, Ringe, Armbänder und Ohrringe.
Carduccistraße 3

Hubert Gasser
Eine Südtiroler Marke mit Garantie für Stil und Qualität, insbesondere für Strickwaren und Brautmode.
Waltherplatz 23

Rossobordeaux
Accessoires, Taschen, Hüte und andere kleine originelle Kostbarkeiten für jeden Geldbeutel.
Rauschertorgasse 13

ARCADEet

Rubatscher c.j.
Unterwäsche für Frauen und Männer, von begehrten Dessous bis zu hochwertigen Basics.
Lauben 28

Victorienne
Elegante und raffinierte Damenmode. Vor allem die Schuhe und Hüte des Südtiroler Künstlers Reinhard Plank lohnen einen Besuch.
Obstplatz 48,
Museumsstraße 1

Yume Luxury Outlet
Kleidung und Accessoires namhafter internationaler Firmen zu Outletpreisen in einer stilechten Boutique.
Rauschertorgasse 15b

Zilla
Einzigartige Taschen aus ungewöhnlichen Materialien wie Luftfiltern, Verputzschwämmen oder Wischmobs designt von der Boznerin Sylvia Picher.
Edisonstraße 15,
www.zilla.it

DESIGN

ARCADEet
Raffinierte Einrichtungsgegenstände der Marke Arcade für ein modernes und gemütliches Heim.
Piavestraße 7

Mario Woche
Pflanzenskulpturen und Blumen, die jedes Haus schmücken – im modernen wie im klassischen Stil.
Dr.-Streiter-Gasse 28b

Museion Book Shop
Originelle Objekte von Südtiroler Künstlern wie Silke De Vivo, Lupo&Burtscher und Ringfinger.
Dantestraße 6

Anna Quinz, geboren 1980 in Bozen, ist Werbetexterin und Projektmanagerin. Neben ihrer Tätigkeit als creative director *und Koordinatorin des Onlineportals franzmagazine.com berät sie unter anderem als Stylistin diverse Verlage.*

LODEN

Nicht nur trendige Mode für jedes Alter sondern auch exklusiven Trachtenlook und modische Wollstoffe gibt es auf mehreren Etagen bei **Oberrauch-Zitt**, einem der traditionsreichsten und gleichzeitig innovativsten Geschäfte unter den Lauben 67.

Moessmer (Musterplatz 3): Der Name steht für Konfektion aus feinsten Wollstoffen, die in der Tuchfabrik in Bruneck hergestellt werden, also ein echtes einheimisches Produkt! Schon Kaiser Franz Joseph ließ sich seinen Jagdloden aus dem Pusterer Werk liefern, ein neuer prominenter Kunde ist Michelle Obama, die US-Präsidentengattin, deren Hausdesigner verarbeitete ebenfalls Stoffe von Moessmer!

SPECK & WURST

Mit Speck meinen die Südtiroler nicht das Schweinefett, sondern die Tiroler Spezialität aus der Schweinehälfte, dem Mezet. Als Zugeständnis an ernährungsbewusste Konsumenten werden heute vorwiegend magere Schinkenteile verwendet, die schonend gepökelt, geräuchert und luftgetrocknet werden. Ein schmackhafter Speck sollte trotzdem eine ordentliche Fettschicht aufweisen; gut abgelagert (mindestens 6 Monate Lagerung), nicht zu weich und nicht zu stark gesalzen sein. Das Konsortium der Speckhersteller (www.speck.org) garantiert unter dem Markenzeichen des grünen Hosenträgerstegs die Qualität des Südtiroler Markenspecks. Bekannt sind die Kaminwurzen, angeräucherte, dünne Trockenwürste. **Metzgerei Stampfl** (Piave-Straße 30); **Metzgerei Egger** (Obstplatz 7); **Metzgerei Grünberger** (Rathausplatz 3 oder Vittorio-Veneto-Straße 8 in Gries); **Metzgerei Schrott** (Runkelsteiner Straße 27) oder **Feinkost Seibstock** (Lauben 50).

SPORTARTIKEL UND SPORTMODE

Große Auswahl auf mehreren Stockwerken bei **Sportler** (Lauben 1). Spezialisiert auf Bergsport sind dessen Abteilung **Sportler Alpin** (Lauben 37) sowie die rührigen Inhaber des Fachgeschäftes **Mountain-Spirit** (Zwölfmalgreiner Platz 2).

DIE WEINSTADT BOZEN

St. Georgen oberhalb Bozens

Der Weinbau in Südtirol florierte bereits als die Römer kurz vor Christi Geburt das südliche Tirol ihrem Reich einverleibten. Heute ist die Gemeinde Bozen mit knapp über 500 ha Rebfläche nach Eppan (ca. 1 000 ha) und Kaltern (800 ha) die drittgrößte Südtiroler Weinanbaugemeinde. Das umgebende Landschaftsbild der Stadt ist von den Reben auf den steilen Leiten und Hängen geprägt.

Bozen bietet beste Voraussetzungen für den Weinanbau: Rebe und Traube gedeihen auf fruchtbaren, lockeren Moränenschuttböden an südlich ausgerichteten, steilen Hängen. Auch das heiße Klima im Bozner Talkessel (die Stadt liegt auf nur 260 m Meereshöhe) wirkt sich günstig aus. Durch die schnell auf fast 3 000 m ansteigenden Berge ergeben sich enorme landschaftliche und damit auch klimatische Gegensätze auf engstem Raum. Nachmittags weht ein konstanter Südwind durch das Etschtal, gegen Abend fällt aus dem Norden und Osten der kühle Sarner- bzw. Schlernwind zu Tal. Diese Temperaturschwankungen sind ideal für die Ausbildung der harmonischen Säure, die die frischen leichten Rotweine und fruchtigen Weißweine kennzeichnet.

Die frischen, fruchtigen und säurebetonten Weißweine aus Südtirol sind vor allem bei italienischen Konsumenten sehr beliebt, so hat sich in den letzten 30 Jahren die Anbaufläche der weißen Sorten fast verdoppelt. Um Bozen klettern die Reben mit weißen Sorten bis auf fast 800 m!

AUTOCHTHONE (BODENSTÄNDIGE) SÜDTIROLER REBSORTEN

Lagrein

Auf dem fruchtbaren Schotter-Schwemmland am Zusammenfluss von Etsch, Eisack und Talfer findet der Lagrein die günstigsten Wachstumsbedingungen; die Tallagen von Gries liefern die besten Tropfen aus dieser Traube. Aus der uralten Rebsorte wird ein extraktreicher, tiefdunkler, kräftiger und lagerfähiger Wein gewonnen. Außer in Südtirol wird der Lagrein nur im Trentino angepflanzt. In den übrigen Weinanbaugebieten der Welt ist diese Rebe so gut wie unbekannt.

Vernatsch

Der Vernatsch wird auf etwas über 300 ha angebaut und ist damit die wichtigste Sorte. Der Name und die Herkunft des Vernatsch geben Rätsel auf. Vermutlich lässt sich die Bezeichnung Vernatsch auf lateinisch vernaculus („einheimisch, inländisch") zurückführen. Die Vernatschtraube wird außer in der Bozner Gegend in den warmen Lagen um Meran sowie in sonnenexponierten Hügel- und Hangfußlagen des Etschtales und im Überetsch angebaut. In der Kellereigenossenschaft Bozen stellt Vernatsch etwa 60 % der produzierten Rotweinmenge, da auch der St. Magdalener ein Vernatsch-Wein ist.

ST. MAGDALENER

Erst vor etwa einem Jahrhundert hat sich die Bezeichnung „St. Magdalener" (benannt nach dem Dorf östlich von Bozen) als Bezeichnung für diesen Bozner Klassiker aus jenem Gebiet durchgesetzt. Die eigene Schutzmarke, die mit einer Kontrollnummer auf jeder Flasche versehen ist, garantiert die Herkunft des Weines. Dieser darf nur aus Vernatschtrauben gewonnen werden, ein Zusatz von maximal 15 % Lagrein oder Blauburgunder ist jedoch gesetzlich erlaubt. Wein aus der Kernzone des Gebietes mit den Lagen St. Magdalena, St. Justina, Rentsch, Leitach und St. Peter darf die Bezeichnung „classico" tragen.

1000 e 1 vino, Südtiroler Str. 37

WEINEINKAUF

Ein Erlebnis-Einkauf mit Verkostung beim Produzenten erleichtert die Auswahl der richtigen Flasche Wein. Größere Betriebe verfügen meist über Verkaufs- und Probierlokale, viele Weingüter verkaufen ab Hof. In Bozen gibt es insgesamt fast 30 Weinbetriebe, viele davon in der Innenstadt.

VINOTHEKEN IN DER STADT

Enovit

Önothek in der Altstadt, die unter den stilvoll renovierten Gewölben auch Appetithappen, Destillate und Olivenöl anbietet.

Dr.-Streiter-Gasse 30,
Tel. 0471 970460, www.enovit.it

Gandolfi

Nach Anbaugebieten geordnete, riesige Auswahl. Am westlichen Stadtrand gelegen, Parkplatz.

Drususallee 349, Tel. 0471 920335,
www.gandolfi.bz.it

GiDi

Kleiner Weinladen in der italienischen Neustadt mit vielfältigem Angebot an in- und ausländischen Weinen und feinen Whiskys sowie einem guten Preis-Leistungsverhältnis. Außerdem Schnäppchenangebote auch von weniger bekannten Anbietern.

Michael-Gaismair-Straße 20d,
Tel. 0471 270456

Vinum

Großes Fachgeschäft mit jahrzehntelanger Erfahrung im Weinhandel. Große Auswahl an Qualitätsweinen vor allem aus Südtirol und Italien. Außerdem reichhaltiges Zubehör und Destillate; Groß- und Detailhandel.

Brennerstraße 28, Tel. 0471 978146,
www.vinum.it

St. Magdalena

WEINGÜTER UND -KELLEREIEN IN BOZEN

Nachfolgend eine Auswahl der rund dreißig Weinbetriebe Bozens, die sich durch Qualität, Lage, Ambiente oder Kundenfreundlichkeit auszeichnen:

Kellerei Bozen und Klosterkellerei Muri-Gries

Zwei Schwergewichte des Bozner Weines mit dem Focus auf die bodenständigen Sorten Lagrein und Magdalener zu nennen. Beide verfügen über Verkaufs-, Probierlokal und Parkplatz.

Kellerei Bozen, Grieserplatz 2, Tel. 0471 270909, www.kellereibozen.com (Detailverkauf auch am alten Sitz der Kellerei St. Magdalena. Brennerstraße 15, Tel. 0471 976733); Klosterkellerei Muri-Gries: Grieser Platz 21, Tel. 0471 282287, www.muri-gries.com

Griesbauer

Schön gelegener Weinhof, auf dem ein bekanntermaßen guter Magdalener gekeltert wird.

Fam. Mumelter, Rentschner Straße 66, Tel. 0471 973090, www.tirolensisarsvini.it

Steidlerhof

Buschenschank und Weinhof in prächtiger Aussichtslage oberhalb von St. Magdalena. Auch Ferienwohnungen.

Rudolf Gasser, Obermagdalena 1, Tel. 0471 973169, www.steidlerhof.bz

Untermoser

Bekannt für den klassischen St. Magdalener.

Georg Ramoser, St. Magdalena 36, Tel. 0471 975481

Waldgries

Der ausladende, türmchenbekrönte Weinhof liegt mitten in den Reben an der Auffahrt zum Ritten. Interessant auch das kleine Museum mit Gerätschaften zum Weinbau.

Heinrich Plattner, St. Justina 2, Tel. 0471 973245, www.waldgries.it

Weingüter Loacker

Ein Pionier des biologischen Weinbaus und einer der Großen, mit Weingütern auch im Eisacktal und in der Toskana.

St. Justina 3, Tel. 0471 365125, www.loacker.net

Gummerhof, die Vinothek im Hof

Der Geheimtipp in Bozen. Vinothek und nettes Restaurant, immer hausgemachte Schlutzkrapfen, Kellerführungen, Schankgarten, Parkplatz. Sa abends und So Ruhetag.

Fam. Malojer, Weggensteinstraße 36, Tel. 0471 972885, www.malojer.it

Pfannenstielhof

Ein Aufsteiger unter den Bozner Weinbauern, heimst mit seinem Magdalener und Lagrein Anerkennung und Preise ein.

Johannes Pfeifer, Pfannenstielweg 9, Tel. 0471 970884, www.pfannenstielhof.it

Weingut/Weinkellerei Hans Rottensteiner

Verkehrsgünstig gelegen mit gutem Preis-Leistungsverhältnis.

Sarntaler Straße,1/A, Tel. 0471 282015, www.rottensteiner-weine.com

Privatkellerei Schmid-Oberrautner

Sympathische Vinothek mit Schankgarten, guter Lagrein.

Michael-Pacher-Straße 3, Eingang und Parkplatz Fagenstraße, Tel. 0471 281440, www.schmid.bz

Weingut Thurnhof

Der Bauernhof ist vom Stadtviertel Haslach fast vereinnahmt. Dank sonnenverwöhnter Lage beste Weine, darunter als Spezialität eine Trockenbeerenauslese.

Andreas Berger, Kuepachweg 7, Tel. 0471 288460, www.thurnhof.com

Unterganzner Erbhof

Top-Winzer mit Tradition. Bester Lagrein, als Spezialität eine Trockenbeerenauslese aus Lagrein und Merlot (Lamarein) sowie ein toller Rosé.

Josephus Mayr, Bozen-Kampill 15, Tel. 0471 365582, www.tirolensisarsvini.it

Muri-Gries

VERANSTALTUNGEN RUND UM DEN BOZNER WEIN

Bozner Weinkost

Seit 1896 werden alljährlich Mai oder Juni die neuen Jahrgänge vorgestellt und verkostet. Die Veranstaltung ist tagsüber dem Fachpublikum vorbehalten, abends kann auch der „normale" Weinliebhaber die verschieden Lagen und Sorten probieren.

Schloss Maretsch, Claudia-de-Medici-Straße 12, Tel. 0471 945750, www.weinkost.it

Magdalener Kirchtag

Zum Namenstag der Kirchenpatronin, der hl. Magdalena (22. Juli), öffnen die Weinbauern des Dorfes die Tore zu ihren Kellern und laden zur Verkostung des „klassischen St. Magdalener" Rotweines vom vergangenen Herbst ein. Dazu werden kulinarische Köstlichkeiten aus der Südtiroler Küche gereicht.

Lorenzinacht

Am 10. August, dem Tag des hl. Lorenz, sollen am Nachthimmel besonders viele Sternschnuppen fallen. Vor dieser Kulisse bieten die Bozner Kellereien im Stadtzentrum, unter den Lauben, ihre besten Tropfen an.

Infos beim Verkehrsamt Bozen, Waltherplatz 8, Tel. 0471 307000

Bacchus Urbanus

Im Rahmen der Veranstaltung „Bacchus Urbanus", einer gemeinsamen Initiative des Verkehrsamtes Bozen und der örtlichen Weinproduzenten, können Weinliebhaber die Kultur und Eigenheit des Bozner Weines kennenlernen. Gäste und Einheimische werden bei einer gemütlichen Wanderung von einem kundigen Führer durch die Anbaugebiete des St. Magdaleners und des Lagreins begleitet, danach Besichtigung einer Kellerei und kommentierte Weinverkostung.

🕒 jeden Sa im Oktober, Infos beim Verkehrsamt, Waltherplatz 8, Tel. 0471 307000, www.bolzano-bozen.it/de/bacchus-urbanus.htm

Enovit

WOHIN AM ABEND?

Im Stadtzentrum (Obstplatz, Goethestraße, Erbsengasse, Kornplatz und in den umliegenden Gassen) haben sich einige Wein- und Bierlokale etabliert, in denen sich abends junge und junggebliebene Nachtschwärmer treffen.

All that Jazz

Jeden Freitag um 21 Uhr treten hochkarätige Jazz-Musiker in der Laurinbar auf und demonstrieren die Vielseitigkeit dieser Musikrichtung.

Parkhotel Laurin, Tel. 0471 311000, www.laurin.it

Batzenhäusl

Essen bis spät abends, manchmal Life-Musik (» S. 43)

⏲ kein Ruhetag, Andreas-Hofer-Straße 30, Tel. 0471 050950, www.batzen.it

Lounge Exil

Beliebter Studententreff, buntes Publikum, laut, „in". Einladende Arkadenplätze im Freien. Kleine Gerichte, gute Cocktails und Long Drinks.

⏲ So Ruhetag, Kornplatz 2, Tel. 0471 971814

Hopfen & Co

Im Schankraum, der die Gäste kaum fasst, blitzt der bauchige kupferne Kessel in Bozens einziger Gasthofbrauerei. Tellergerichte und kleine Schmankerln bis spät abends.

⏲ So Ruhetag, Obstplatz 17, Tel. 0471 300788, www.boznerbier.it

Nadamas

Multi-Kulti-Café im Ethno-Stil mit großem Schankraum und verwinkelten Speiseräumen. Laut, gemütlich. Einfache italienische Gerichte, immer auch etwas für Vegetarier.

⏲ So Ruhetag, Obstplatz 44, Tel. 0471 980684

Transart Festival

BOZEN BY NIGHT von Matthias Mühlberger

Vintola18
in einem Hinterhof in der Vintlergasse. Hervorragende kleine Konzerte mit internationalen Bands.
Facebook: Vintola18 – Livemusic in BZ

Halle 28
Schlachthofgasse 28. Ausrangierte Werkhalle aus den 60ern mit entsprechendem Flair, wechselnde Veranstaltungen mit lokalen und internationalen DJs.
Facebook: Halle Bozen Bolzano

Pippo Foodchillstage
Petrarcapark 12. Ehemaliges Bärengehege auf den Talferwiesen; zwei Jugendzentren veranstalten dort Konzerte.
Facebook: Pippo Foodchillstage

Dub Discoclub
Galvanistraße 38, Industriezone. Diskothek mit wechselnden Veranstaltungen, meist afro- und dublastig, aber auch Techno der härteren Gangart.

Veranstaltungen
Das jährlich im Herbst stattfindende Festival Transart bringt internationale Künstlerinnen und Künstler zwischen Avantgarde und Pop nach Bozen; www.transart.it.
Im Sommer laden die regelmäßig stattfindenden Science Cafés auf der Turmterrasse der EURAC zu lockeren wissenschaftlichen Diskussionsveranstaltungen und Aperitiv mit anschliessender DJ-Line ein.
Drususallee 1, http://tower.eurac.edu/de/sciencecafe
Über das Bozner Nachtleben abseits des Mainstreams informieren Flyer in verschiedenen Lokalen (z. B. im Nadamas, » S. 63), soziale Netzwerke und Weblogs oder www.kultur.bz.it (bzw. dessen kostenlose Printversion WasWannWo). Der Blog http://franzmagazine.com hält gute Tipps rund um Kunst, Musik, Kultur, Mode und Partys parat. Auf Facebook: Mixtapes from the Alps (Djmixes von lokalen und internationalen Djs und Veranstaltungstipps), Audiomat (Veranstalter), Effectric – electronic lifestyle (Veranstalter).

Matthias Mühlberger, alias „dj mam"; lebt in Bozen, hat das DJ-Handwerk in Wien erlernt, legt seit 1997 auf und ist auf elektronische Tanzmusik spezialisiert.

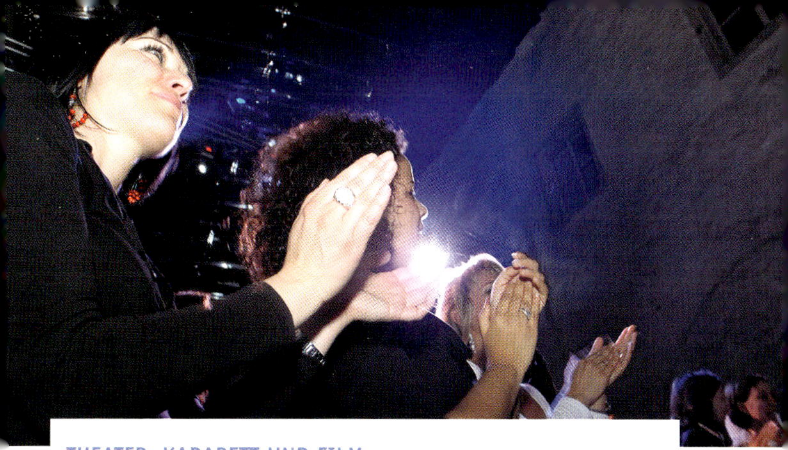

THEATER, KABARETT UND FILM

Stadttheater

Das Stadttheater (Theaterkasse Tel. 0471 053800, www.ntbz.net) beherbergt das italienische Teatro Stabile (Tel. 0471 053800, www.teatrobolzano.it) sowie die deutschen Vereinigten Bühnen Bozen (Tel. 0471 065320, www.theater-bozen.it). Vom Stadttheater verwaltet wird auch das Konzerthaus „Joseph Haydn".

Dantestraße 15, Tel. 0471 301783.

Waltherhaus Bozen

Regelmäßig Theatergastspiele und Konzerte auf hohem Niveau mit großem Publikumszuspruch. Wichtigster Veranstalter: Südtiroler Kulturinstitut.

Schlernstraße 1, Tel. 0471 972178, www.kulturinstitut.org

Carambolage

Kellertheater, Cabaret, Musik. Vielfältiges Programm, im Hochsommer geschlossen.

Silbergasse 19, Tel. 0471 981790, www.carambolage.org

Cortile-Theater

Das Theater im Hof will Tendenzen des modernen Kinder- und Jugendtheaters aufzeigen und arbeitet aus diesem Grunde mit Regisseuren zusammen, die sich überzeugt jungem Publikum widmen. Einen zusätzlichen Schwerpunkt bildet das Projekt „Frauen im und am Theater" (F.i.a.T.).

Im Hof am Obstplatz 37, Tel. 0471 980756, www.theaterimhof.it

Filmclub

Aktuelle Produktionen, regelmäßig Retrospektiven, anspruchsvolle Filme. Drei Säle, Bar. Mitte April bringen die hier stattfindenden Bozner Filmtage mit den neuesten Spiel- und Dokumentarfilmen, Podiumsgesprächen zwischen prominenten Regisseuren und Schauspielern sowie Diskussionsrunden eine Woche lang Festivalstimmung nach Bozen.

Dr.-Streiter-Gasse 8d, Tel. 0471 974295, www.filmclub.it

Cineplexx

Zweisprachiges Filmangebot in 7 Sälen mit bis zu 1500 Sitzplätzen, Mainstream-Titel, Popcorn & Cola, Buffet.

Schlachthofstraße 53a, Tel. 0471 054550, www.cineplexx.bz.it

Eden Kino

Kleiner, gemütlicher Saal, zentral gelegen, immer aktuelle Titel.

Leonardo-da-Vinci-Straße 8, Tel. 0471 978514

Flohmarkt: Thun-Engel vor Rosengarten

MÄRKTE, MESSEN UND FESTE

Samstagsmarkt

Auf dem Siegesplatz und in den umliegenden Straßen findet jeden Samstag ein großer Krämer- und Gemüsemarkt statt. Die Bauern aus der Umgebung verkaufen Gemüse – im Sommer Salate und Kräuter, im Winter Krautköpfe, Rüben, Kartoffeln und Karotten, aber auch Gemüsesorten, die jenseits der Alpen selten auf den Tisch kommen: Puntarelle (knackige Triebe einer Blattgemüseart), Cime di rapa (würzig-bittere Blatttriebe), Cardi (Blätter und Blattstiele einer Distelpflanze), Catalogna (Gemüse, Blatttriebe) oder Lampascioni (Wildzwiebeln). Außerdem: in Öl oder Salzlauge Eingelegtes sowie unglaublich viele Käsesorten. Wer den Samstagsmarkt versäumt, kann donnerstags den Obst- und Krämermarkt in der Rovigostraße (in der italienischen Neustadt) besuchen.

Bauernmärkte

Dienstags: Europaallee und Mazziniplatz; freitags: Rathausplatz, Don-Bosco-Platz und Claudia Augusta-Straße; samstags: Matteottiplatz. Jeder Bauer hat ein eigenes „Standl“ und ein Foto mit dem Namen des Hofs zeigt jeweils, wo die feilgebotenen Waren herkommen. Obst und Gemüse je nach Jahreszeit, Säfte, Honig, Eier, Kräuter und Blumen.

Flohmarkt

Jeden ersten Samstag im Monat, entlang der Wassermauerpromenade am linken Talferufer.

8–17 Uhr

Blumenmarkt

Am 30. April und 1. Mai und an den Tagen davor und danach (je nachdem, wie der Feiertag fällt) wird auf dem

Waltherplatz und in der Mustergasse ein großer Blumenmarkt abgehalten. Ein buntes Meer von Blumen, Pflanzen und Sträuchern wetteifert um die Käufer.

Messen

Für Privatbesucher sind die wichtigsten Veranstaltungen der Messegesellschaft in den Hallen in Bozen Süd die „Freizeitmesse" (Anfang Mai) sowie die „Herbstmesse" (November), deren Angebot von Möbeln und Haushaltsmaschinen bis hin zu Kunsthandwerk und Lebensmitteln reicht. Wichtige Messen für Fachpublikum sind u. a. die „Hotel" (Hotel- und Gastgewerbe), „Klimahouse" (energieeffizientes und nachhaltiges Bauen) und „Prowinter" (Verleih und Service im Wintersport) sowie die zweijährlich stattfindenden Messen „Baumec" (Baumaschinen und Geräte), „Lignomec" (Holzverarbeitung), „Interpoma" (alles rund um den Apfel) und „Alpitec" (Berg- und Wintertechnologie).

Messe Bozen AG, Messeplatz 1, Tel. 0471 516000, www.messebozen.it

Herz-Jesu-Sonntag

An einem Sonntag Anfang Juni werden in Erinnerung an die Franzosenkriege in ganz Südtirol Bergfeuer entzündet; ursprünglich geht der Brauch auf die früheren Sonnwendfeuer zurück, wurde dann aber in Erinnerung an das Herz-Jesu-Gelöbnis von 1796 umgedeutet. Als die französische Armee im Zuge der napoleonischen Kriege von Süden ins Land Tirol einfielen, gelobten die bedrängten Tiroler Landstände, alljährlich einen Festgottesdienst zu feiern. Zu diesem Anlass werden auf den Anhöhen und Berggipfeln bei Einbruch der Dunkelheit Feuer – oft in Form von Herzen, Kreuzen oder den Zeichen Christi – angezündet. Gute Plätze, um das Spektakel zu beobachten, sind der Wendlandhof am Virgl oder das Restaurant Patscheiderhof in Signat (Anfahrt über die Rittner Straße).

Prozession am Herz-Jesu-Sonntag

Jazzfestival

Ende Juni bis Anfang Juli wird ein internationales Jazzfestival auf hohem Niveau abgehalten.

Jazz Music Promotion,
Tel. 0471 052188,
www.suedtiroljazzfestival.com

Tanz Bozen/Bolzano Danza

Das internationale Tanzfestival in Bozen im Juli hat Tradition und ist eine Begegnung mit den international renommiertesten und erfolgreichsten Vertretern der italienischen Tanzszene.

Tel. 0471 053800,
www.bolzanodanza.it

Transart

Seit über zehn Jahren inszeniert Transart im September einen Dialog zwischen Musik, Tanz, Literatur und bildender Kunst und verpflichtet dazu die innovativsten Bühnen der Welt nach Trentino-Südtirol.

Tel. 0471 673070,
www.transart.it

Festival Bozen

Der alljährliche Höhepunkt des klassischen Musiklebens der Stadt vereint die herausragenden Musikveranstalter Bozens unter einem Dach: Das Festival für alte Musik Antiqua, die beiden Residenzorchester European Union Youth Orchestra und das Gustav Mahler Jugendorchester, den Internationalen Klavierwettbewerb Ferruccio Busoni sowie die Gustav Mahler Akademie.

Tel. 0471 05 38 00,
www.bolzanofestivalbozen.it

Bozner Christkindlmarkt

Ende November werden auf dem Waltherplatz und in der Mustergasse etwa 80 Holzstände für den traditionellsten Christkindlmarkt Südtirols aufgebaut. Eine der beliebtesten Veranstaltungen, die vor allem größere Menschenmassen aus Oberitalien nach Bozen lockt.

Verkehrsamt der Stadt Bozen,
Tel. 0471 307000,
www.bolzano-bozen.it/mercatino

BoClassic

Das letzte Großereignis des Jahres ist der Internationale Silvesterlauf durch die Gassen der Altstadt: Er hat sich schon längst von einem sportlichen Volkslauf zu einem publikumswirksamen Ereignis mit Teilnehmern von internationaler Klasse gemausert.

www.boclassic.it

Jazzfestival

Bauern-
kohlern

AUSFLÜGE IN DIE UMGEBUNG

AUF DEN AUSSICHTSTURM VON KOHLERN

Ein Ausflug, der auch Kindern Spaß macht. Im Südosten wird der Bozner Talkessel vom Kohlerer Berg begrenzt, einem dunklen, bewaldeten, wenig gegliederten Buckelberg. Nach Kohlern führte Europas erste Seilbahn für geregelten Personentransport (Baujahr 1908). Neben der Bergstation auf 1 138 m Höhe wurde als kurioses Erinnerungsstück die alte Fahrkabine aufgebaut. Die Siedlung Kohlern besteht aus wenigen Sommerfrischhäusern, einem Kirchlein und zwei Gastbetrieben. Auf der Kuppe nahe der Bergstation steht ein 37 m hoher, aus mächtigen Holzstämmen gezimmerter Aussichtsturm. Holzstiegen führen auf die überdachte Aussichtsplattform. Es mag befremden, auf einer Berghöhe nochmals auf einen Turm zu steigen, um die Aussicht zu bewundern, aber wer oben steht und die Aussicht über die Baumwipfel hinweg genießt, ist von der Weite der Landschaft und der Höhe der umliegenden Berge beeindruckt.
Talstation Seilbahn Kohlern: Kampillerweg 7 (nahe der Kampiller Brücke), Tel. 0471 978545, erreichbar mit Stadtbus 11, an Feiertagen 14.

NACH JENESIEN UND AUF DEN TSCHÖGGLBERG

Der Tschögglberg ist ein sonniger, von Wiesen und Wäldern überzogener Bergrücken im Nordwesten Bozens. Zunächst fahren wir mit der Seilbahn hinauf nach Jenesien (1 080 m), ein Dorf oberhalb Bozens mit einer beneidenswerten Aussicht auf die Dolomiten mit Schlern

Rittner Seilbahn

und Rosengarten und hinab ins Unterland. Die Wanderung zu unserem Ziel, das Hochplateau des Saltens, folgt der Markierung E5 des Europäischen Fernwanderwegs Bodensee–Adria. Nach einer guten Stunde erreichen wir das Gasthaus Edelweiß, in weiteren 15 Minuten die Hochfläche des Saltens mit seinen weitläufigen Wiesen und dem schütteren Lärchenbestand. Wanderlustige erreichen in weiteren 1,5 Stunden das Gasthaus Langfenn beim Höhenkirchlein St. Jakob. Gesamtgehzeit Jenesien–Langfenn: 3 Stunden, Höhenunterschied 440 m, die Orientierung ist einfach, die Steigung mäßig, der Weg gut. Bequeme Variante: Mit dem Wanderbus von Jenesien nach Schermoos und von dort auf Weg 1 in 20 Minuten zu Fuß nach Langfenn.

Talstation Seilbahn Bozen–Jenesien: Rafensteiner Weg 15, Tel. 0471 978436, erreichbar mit Stadtbus 12, an Feiertagen 14. Der täglich verkehrende Wanderbus (SAD Linie 206) verbindet die einzelnen Ortschaften am Tschögglberg (Falzeben, Flaas, Halfling, Jenesien, Mölten, Schlaneid und Vöran) sowie deren Seilbahnstationen und ermöglicht so ein autofreies Wandern. Fahrplanauskunft: Tel. 840 000471, www.sii.bz.it

ZU DEN ERDPYRAMIDEN AUF DEM RITTEN

Wer einen erlebnisreichen Tag ganz ohne Auto verbringen möchte, dem sei eine Fahrt mit der Kabinenumlaufbahn auf den Ritten empfohlen. Das angenehme Klima in rund 1 000 m Höhe, die wunderbare Rundsicht und die sonnige Lage machen dieses Hochplateau zur traditionellen Sommerfrische der Bozner und zum beliebten Reiseziel für Feriengäste. 1907 wurde eine Zahnradbahn von Bozen nach Maria Himmelfahrt erbaut, knappe 60 Jahre war sie in Betrieb und wurde dann durch eine Seilbahn ersetzt. Seit 2009 befördert eine neue Umlaufbahn im Viereinhalb-Minuten-Takt bis zu 550 Personen pro Stunde von Bozen nach Oberbozen. Die Weiterfahrt nach Klobenstein

mit der Schmalspurbahn ist ein Erlebnis, insbesondere für Eisenbahn-Nostalgiker und Kinder. In Klobenstein beginnt der bequemen Spazierweg zu den Erdpyramiden bei Lengmoos.
Regen, Wind, Frost und Schmelzwasser haben in jahrelanger Erosion die bis zu 20 m hohen lehmigen Säulen aus dem Moränenschutt der Eiszeitgletscher herausgewaschen. Ein Stein schützt dabei jeweils einen Lehmturm wie ein Dach. Die Rittner Erdpyramiden treten in beeindruckender Vielfalt auch unterhalb von Oberbozen und bei Unterinn auf.
Gehzeit Klobenstein–Erdpyramiden: 30 Minuten, mehrere Einkehrmöglichkeiten, so etwa im Gasthaus Amtmann in Lengmoos oder im Café Erdpyramiden am Beginn der Promenade. Keine nennenswerte Steigung.
Fahrplanauskunft: Tel. 840 000471, www.sii.bz.it

AUF DER WEINSTRASSE INS ÜBERETSCH

Im Südwesten Bozens erhebt sich aus der breiten Sohle des Etschtales der Höhenrücken des Mitterbergs. Zwischen diesem und dem Mendelkamm liegt das Überetsch, eine sanfte Ebene mit üppigen Obst- und Weingärten, drei Seen, geschlossenen Wäldern und schönen alten Dörfern mit engen Gassen. Zahlreiche Burgen, herrschaftliche Ansitze und Schlösser zeugen davon, dass man die Schönheit und die Fruchtbarkeit dieses Landstrichs schon früh zu schätzen wusste. Die großen Dörfer, Eppan und Kaltern, haben beide verkehrsberuhigte alte Dorfkerne. Die behäbigen Häuser sind stilvoll renoviert, neue Bausubstanz fügt sich harmonisch ein. Informationen über den bekannten Wein und den Weinbau im Überetsch finden sich im Internet unter wein.kaltern.com, www.suedtiroler-weinstrasse.it, im Weinmuseum Kaltern (Goldgasse 1. Tel. 0471 963168, www.weinmuseum.it) oder bei einer Weinverkostung „an der Quelle" in einer der vielen Kellereien. Einen guten Eindruck vom Überetsch und seiner Landschaft vermittelt eine Fahrt auf der Südtiroler Weinstraße ab Bozen. Die Route führt unterhalb der Burgruine Sigmundskron vorbei, verläuft über die hügelige Rebenlandschaft von Girlan nach Eppan, Unterplanitzing und Kaltern; führt dann hinab zum Kalterer See und über St. Josef am See weiter ins sogenannte Unterland mit Tramin, Kurtatsch, Margreid und Kurtinig bis nach Salurn an der Grenze zur italienischen Nachbarprovinz Trentino. Bis Kurtatsch sind es 23 km. Die Rückfahrt nach Bozen kann über die Autobahn (Einfahrt Neumarkt-Auer) erfolgen. Für Baderatten sind an den beiden Montiggler Seen und am Kalterer See Badeanstalten eingerichtet; außerdem gibt es einen Bootsverleih, Strandgaststätten und idyllische Seeuferwege.
Einkehrtipp am Kalterer See: Gretl am See, Terrasse am Wasser, gepflegtes Essen, trotz einmaliger Lage faire Preise.
St. Josef am See 18, Tel. 0471 960273, www.gretlamsee.com

NÜTZLICHE HINWEISE UND TELEFONNUMMERN

Ärztlicher Bereitschaftsdienst: Tel. 0471 908288 oder Tel. 0471 909148
Carabinieri: Tel. 112
Bergrettungsdienst: Tel. 118
Bibliotheken: Landesbibliothek Friedrich Teßmann, Armando-Diaz-Straße 8, Tel. 0471 471811, www.tessmann.it
Universitätsbibliothek, Universitätsplatz 1, Tel. 0471 012300, www.unibz.it/library
Bürgernetz: www.provinz.bz.it
Internetzugang: Kostenlose WLAN-Hotspots an den Talferwiesen/Wassermauerpromenade sowie am Waltherplatz
Feuerwehr: Tel. 115
Flugplatz Bozen: Tel. 0471 255255, www.abd-airport.it
Fundamt: Gumergasse 7, Tel. 0471 997265584, www.fundinfo.it
Infos: Verkehrsamt der Stadt Bozen: Waltherplatz 8, Tel. 0471 307000, www.bolzano-bozen.it
Krankenhaus, Erste Hilfe: Lorenz-Böhler-Straße 5, Tel. 0471 908330
Lawinenlagebericht: Tel. 0471 270555 oder 0471 271177
Notrufzentrale: Tel. 118
Öffentlicher Verkehr: SAD und SASA: Mo–Fr 8–19 Uhr, Sa bis Mittag, Tel. 840 000471
Online Fahrpläne: www.sasabz.it, www.sii.bz.it
Polizei: Tel. 113
Rathaus Bozen: Tel. 0471 997111, Bürgerschalter: Tel. 0471 997616, www.gemeinde.bozen.it;
Rettungsdienst Weißes Kreuz: Tel. 0471 444444
Rettungsdienst Rotes Kreuz: Tel. 0471 917213
Stadtpolizei Bozen, Einsatzzentrale: Tel. 0471 997788
Straßenpolizei: Tel. 0471 947560
Südtirol-Information: Pfarrplatz 11, Tel. 0471 999999, www.suedtirol.info
Taxi: Tel. 0471 981111
Veranstaltungstipps: www.inside.bz.it, www.kultur.bz.it (gedruckte Version: WasWannWo).
Verkehrsmeldezentrale: Tel. 0471 200198
Wetterbericht: Tel. 0471 270555 oder 0471 271177
Vorwahl für Italien: +39, für Deutschland: +49, für Österreich: +43, für die Schweiz: +41

PARKEN

Das Parken auf den Straßen ist im Stadtgebiet tagsüber nur Anwohnern mit Parkausweis erlaubt; diese Parkplätze sind weiß gekennzeichnet. Besucher dürfen das Auto ausschließlich auf den gebührenpflichtigen, blau markierten Parkplätzen oder in Parkhäusern abstellen: Parkschein beim Parkautomaten ziehen. Zentral gelegen sind die Parkhäuser vis-à-vis des Bahnhofs oder am Waltherplatz. Am preiswertesten ist das Parkhaus Bozen-Mitte in der Schlachthofstraße hinter dem Bahnhofsgelände.